星火文化

行動就是祈禱

祖聖依納爵，看清天主的旨意

著◎聖經學博士　穆宏志神父
整理◎磐石基督生活團團員 許惠芳

CONTENTS

目錄

CONTENTS

CONTENTS

推薦序一

分享與信友團體合作的果實

詹德隆神父

多年來，穆宏志神父的主要使命是在神學院擔任《聖經》詮譯的教授，並進行《聖經》研究以及發表學術性報告和書籍。同時，穆神父很希望把天主聖言傳達給一般的基督徒，因此他還出版了不少較為「大眾」※的聖經著作，例如有關耶穌的比喻。除此之外，穆神父一直挪出時間陪伴平信徒，加強也加深他們的靈修生活。我注意到他每個週末都不在神學院，而來到台北市以接近教友，從事個別的靈修輔導。他也早已發現，靈修生活的成長常常需要一個團體，所以穆神父也陪伴「基督生活團」（一個或多個小組）。即使在神學院，他也注意到平信徒同學靈修生活的需要，因此把他們分成小組，定期聚會，操練靈修。

這本書是穆神父和一個小型信仰團體合作的具體成果。原來穆神父希望他們自

※　編按：這類書籍已出版的有《耶穌的生命智慧》、《彩虹的應許：24 個救恩的故事》（以上由啟示出版），以及《被遺忘的那個星期六》（星火文化出版）。

己輪流準備題目，但發現他們還沒有這麼專業，所以他就提供協助：由他先講，他們跟著分享、討論，效果很好。因此決定把這些寶貴的材料整理出來，提供給其他的團體和個人享用。

在這數十年中，感謝穆神父的陪伴，基督生活團越來越重視個人與團體的使徒性，因而從重視祈禱的團體逐漸成爲行動中祈禱的一群平信徒，也更加接近聖依納爵的做法。

詹德隆神父寫於二〇一五年七月卅一日
（聖依納爵瞻禮日）

本文作者：詹德隆神父（Fr. Louis Gendron），一九四二年生，加拿大籍耶穌會士，義大利羅馬額我略大學心理學及倫理學碩士、美國太平洋宗教學院牧職博士。一九六六年來台服務至今，歷任輔仁聖博敏神學院教授、耶穌會中華省省會長、輔仁大學副校長，目前是天主教輔仁聖博敏神學院校長。

推薦序二

一本認識依納爵靈修的實用入門書

陳方中

認識穆宏志神父已經超過三十年，我把他當長輩，可以聊天，不會被他豐富的情緒嚇到，有時也敢調侃他，但與他不算很親，他總要我們團體的第二代叫他「神父舅舅」，所以我想他也有點當我們是他的旁系親屬吧！

有點距離對學歷史的我來說，剛好有一個適當觀察的位置。我常常心裏會閃過這樣的念頭：如果把穆神父放在明末清初，那個有許多偉大耶穌會士的時代，穆神父應該也不遜色吧?!他有出色的語言天賦，西班牙文、英文、義大利文都堪稱流利，葡萄牙文、法文也不是問題。我還看過他秀過德文。可能對他來說最難的是中文。他是一位出色的聖經學者，為了研究聖經，他還要學希臘文、拉丁文及希伯來文。我以為他數學不好，他對我這錯誤的判斷頗不以為然，說若不是怎樣的原因，搞不好他會成為科學家。他有觀察全局的能力，並有前瞻性，所以長年擔任輔仁聖博敏神學院的「祕書」，這個名稱低調的「祕書」，實際上等同於教務長。

他一定不願我稱他為天才，但這位有眾多且出色才能的耶穌會士，如果將精力放在某種世俗成就上，一定會成功。例如：成為在教廷一言九鼎的聖經學者。我想穆神父不是沒有想過這種可能性，但他卻決定將他的多數時間投入一個看似沒有效果的領域——陪伴教會中的青年人，並為他們成立團體：一個個「基督生活團」。面對淺碟化的臺灣教會環境中的青年，再加上物質社會無限度的發展，天主在這三、四十年中給穆神父的挫折，是一般人難以想像的，但他卻數十年如一日的這樣做。我們可以看到一次又一次，這些基督生活團團員不盡理想的表現所帶給他的痛苦，但你選擇一個適當的時候問他，他又會說甘之如飴。基督生活團無疑是天主給穆神父的禮物，雖然有時候也是小小的十字架。

前述這些內容，其實是在說明這本書的成書背景。某種意義上說，基督生活團團員是這本書最適合的讀者。本書的章節是按照三個元素編排的，而這正是基督生活團的三個基本元素。除了元素外，也要注意其次序，首先是靈修——依納爵式的靈修，然後是依此靈修產生的使命感，接著是將這些有靈修有使命感的團員聚集成團體。這個次序也可以說是穆神父的血淚經驗。以前多半是先將教會青年組成團體，但他們往往缺乏真正的信仰經驗與使命感，如此就使團體容易變成俱樂部而已。在個別的內容中，我也有和穆神父對話的感覺，對於大部分缺乏靈修訓練的團員，他一針見血的指出我們需要了解的地方。

但另一方面，一般的教友若對依納爵靈修有興趣，這也是一本實用且適當的入門書，因為依納爵靈修會帶人朝向基督，在現世生活中答覆使命。而從依納爵及耶穌會的發展經驗來看，組成團體——可以是基督生活團或就是一個基信團，是答覆使命的方法。基督生活團的經驗，無論是正確或錯誤的，都可提供參考。

所以雖然這是一本推理清晰、結構嚴謹的書，但不要把它想成是穆宏志神父的學術成就。在他理性的文字內，潛藏著穆神父豐富的情感及經歷，他透過壓抑的方式在吶喊：你／妳們一起來，跟隨基督吧！

本文作者：陳方中，中華民國基督生活團永奉團員、依納爵基督生活團團員，曾任中華民國基督生活團執委會主席。國立台灣師範大學歷史系博士，專研中國天主教史、中西交通史及基督宗教史，現任輔仁大學歷史學系專任教授。

推薦序三

天國，就在此時此地

張令憙

收到仲秋電郵，問我是否可以為穆宏志神父的新書寫推薦序時，實感惶恐。因為，在我的想法中，事情應該是反過來的：倘若有一天我寫了書，請穆神父寫推薦序，這才合理吧！我怎麼堪當推薦神父的書呢？但是，再想一想，我所認識和深愛的主耶穌，在人世也常常反其道而行：出生在白冷小城的馬槽中，長大後跑到約旦河讓若翰為祂施洗，揀選那些出身卑微甚至遭人鄙視的人跟隨祂……。哎，跟著這樣一位師傅，接受祂的顛覆教育和邀請挑戰，也算是勇敢回應祂的一種方式吧！

回顧我自己的生命旅程，要感謝天主藉著基督生活團讓我開始接觸認識依納爵靈修，而透過這靈修，天主從可敬可畏卻遙遠又形象模糊的主宰，成了我的醫生、摯友、慈父、良伴，及愛的導師。身為生活團團員，我對依納爵的認識，也在進入團體後的二十年間有所發展改變。一開始對他的刻板印象，就像他皈依之前可能會喜歡的打扮：穿戴閃亮亮盔甲的騎士勁裝，讓人聯想到征戰、紀律，但是，我漸漸發現了，騎士小說之所以吸引依納爵，除了他們的英雄行徑，大概也有浪漫愛情的因素。除了榮譽感和自我要求以外，依納爵有驚人的想像力，而這些想像又帶出他的意志與行動力。而令人驚嘆的天主，也用他的想像力逐步引導他去認識祂，並且從這個起點吸引他跟隨祂，繼而發展出更真實的分辨，在生活中以行動實現愛。愛是分享，於是在依納爵後半段的生命旅程中衍生出夥伴、團體，聚集更多人一起參與天主愛的工程。

在基督生活團中，我個人的靈修成長有許多是在自己參與的小團體——耕心基督生活團中經歷的，要謝謝朱恩榮神父、賴玉修女兩位輔導一路陪伴以及耕心團員的同行，尤其是朱神父陪伴我走完初次的神操旅程。然而，也有不少經驗是在大團體中發生。在大團體這部分，一個讓我印象深刻的經驗，是二〇〇三年跟穆神父及德儀一起到肯亞奈洛比參與CLC世界代表大會，與「世界團體」有了第一次面對面接觸的經驗。如果沒有這樣實際的走出去，遇見這群人，世界團體為我大概永遠只是一個在紙上或電腦螢幕上讀到的名詞，至多藉由文字、照片去認識，再多加點想像，來維繫某種夥伴情誼。我也難以忘懷，十天的會期中，每晚我們三個台灣代表一起分享那一天的經驗，彼此交流所觀察到的、感動的部分。我可能不記得分享的詳細內容，但確確實實體驗到彼此在主內同行的支持和溫暖（奈洛比的夜晚是有點涼意的），而且因為有一位聰敏關愛的輔導在我們身邊，面對來自世界的那麼多聲音、有些繁複的訊息，仍可以覺得安心。那是一個愛的體驗，一個恩寵的時刻，也成為我繼續在團體中以愛還愛的動力。

本書的標題是：《行動就是祈禱》。我想多說一點的是，在靜默中與主相遇，與主談心，當然也是祈禱。不過，與主相遇是動態的，不會只停留在那靜默的一刻，而必須進入世界去完成。就像戀愛，可能有深情凝望、盡在不言中的時候，也有敞開心扉深度交談的時候，但是也必然要有一起經驗、一起決定、一起行動的時候，才可能走到完整。這是一個從開花到結果的美麗過程。在這本書中，大家能在閱讀中經驗穆神父帶著神學思維、層次分明的理性脈絡，和他對會祖精神的深度認識。而他寫這本書，還有為基督生活團所付出的一切的基礎，來自他對基督的愛的回應。基督生活團何其有幸，成為神父這分深情摯愛具體「降生成人」的脈絡，也因他的鼓勵支持，而更增加了向前行的動力。衷心感謝我們有依納爵的弟子傳人慷慨付出，以自己的生命見證和教導，將依納爵靈修這份珍貴的禮物與我們分享。於是，依納爵靈修的恩寵可以從他所創立的耶穌會，溢流到其他的女修會，以及像基督生活團這樣的平信徒團體。但願這來自天主的活水能源源不絕地滋養依納爵家族，使之繼續成長，並發展出有創意、帶來生命的行動與合作，讓天國落實於此時此地。

本文作者：張令憙，中華民國基督生活團永奉團員，耕心基督生活團團員。輔仁大學英國文學研究所畢業，目前任依納爵靈修中心靈修輔導。譯作計有：《煉淨、光明、合一》、《行動中的默觀者》、《主愛多繽紛》、《熾熱的心》、《瑪利亞——幽影中的恩寵》等。

推薦序四
神操是發現愛

顧景怡

這是一本關於天主、依納爵靈修，以及基督生活團三者之間的書。出版社總編仲秋邀請我寫這篇「推薦」文章，我深感惶恐，這絕對不是謙辭，真實的感覺就像作家吳祥輝說的「油漆匠評畢卡索」。穆宏志神父除了是我的神師、基督生活團的總輔導外，也是神學教授以及擅長說故事的高手，著作等身。而我這個連油漆匠手藝都不達的人，鎮日在育兒、家庭瑣碎諸事裡打轉，雖時時意識到自己是基督徒和基督生活團團員，但充其量只能做到每週主日參加感恩彌撒，全家一起飯前禱，或者「偶爾」抓住難得一人的時間靜默祈禱。

不過正在看此書的您，或許也跟我一樣，被許多俗事困住了，不只是時間給困住了，我們和天主聖三的來往還有靈性上的發展也停滯不前，更遑論做使徒工作。

那麼，我就用我真實生活裡的身分「媽媽」，用媽媽最擅長的話家常，來分享這本書為我個人，也可能是為您的益處。

今年八月我正好滿四十五歲，不過在一月底時我才生了老二，距離老大出生約是六年，有種人生「重新來過」的感覺。

而我首次，也是至今唯一一次做日常生活中的神操，是剛邁入三十歲當時，距今也有十五年了。閱讀穆神父這本《行動就是祈禱》，同樣有「重新來過」之感。就像我帶老二一樣，不是完全沒經驗，但有許多已經遺忘、生疏。

當然還有許多內容，是我過去未曾深刻體驗或認識，或者一直似懂非懂的。例如，我曾問過穆神父，祈禱時究竟是要對著天主還是耶穌基督，或是聖神「講話」？我也常被問，「默觀」、「默想」有何不同？還有我們一天到晚掛在嘴上的「分辨」，究竟是分辨什麼，決定買哪個醬油品牌也要「分辨」嗎？我甚至問過，家庭主婦這個工作需不需要被「派遣」？許多疑問，都在這本書裡一一得到解惑，神父甚至寫出一些實際操練的方式。

三十歲那年，我的職涯轉了個彎，我從和學歷相符的醫療相關行業轉到媒體出版業任職，若非正在做神操，每週有神師的陪伴與輔導，幫助我分辨，真不知自己的選擇是否正確，是否真的是「天主要我做的事」。

猶記得作決定時，神操來到第一週第七星期到十二星期關於「罪」的部分。那是個相當痛苦的過程，體認自己有哪些軟弱或過錯很容易，但談到自己有「罪」則不易接受。既然沒有「罪」，何需「救贖」，何需耶穌基督被釘十字架上那麼大的犧牲？對我，這始終是個最難接受，也無法體會的事實。

但就像這本書裡穆神父提到的，依納爵引領人先看天使的罪，再看亞當、厄娃的罪，從看別人的罪裡反省，自己是否也同樣犯了罪。他寫道：「人需要很長的時間，甚至在面臨生命危險時，才可能面對自己的罪。」依納爵如此，你我也都是如此。最後我感受到自己真的有「罪」，但我沒被誰指責，相反地，只有感受到天主對我的包容、寬恕與愛。

做神操當時的過程點滴，都成了我信仰生活裡很深的印記，有些部分也內化成自己日常生活中的習慣，例如省察，例如讀了一段很有畫面的福音後，會想辦法走入那個現場。閱讀《行動就是祈禱》，除了再次強化自己過去的操練外，也提醒自己日漸生疏或甚至不曾相識的那些部分。

靈修、團體、使命是我們基督生活團團員很「耳熟」但不一定「能詳」的三個內涵。而我也得坦承，自己極少深思這三者彼此間的關係。

「任何我們具體生活的狀況，任何與天主的關係（靈修）都在世界上、在人間實行、發生，因此，自然而然地，人會形成團體（Community），而我們在世界的生活（Life）就成為使命。因此 Christian—Life—Community 這三個字建立和支持著基督生活團。靈修、使命和團體是分不開的，彼此支持，所以可以說這是一個無始無終的關係。」神父的書上，層層分明地告訴我們。

這本書裡也濃縮了依納爵與耶穌會、聖母會成立的故事，飄流在教會歷史的長河裡，特別能感受天主的臨在，若非祂揀選，我怎能參與一個四百五十年的團體，操練著近五百年前依納爵就寫好的《神操》？這是種很奇妙也充滿感謝的歷程，對「夥伴」的意義感受更深，對我們「被派遣」的使者身分也更看重。

閱讀的過程，雖然因內容緊湊，必須屢屢回到目錄頁上，重新在閱讀地圖上尋找坐標定位，但也忍不住頻頻邊看邊「劃重點」。這些重點不只是理智上覺得重要，情感與精神上也受到莫大的鼓舞，感受自己被天主愛著、被許多人愛著，因此想要有所行動不斷超越自己，以回報天主、回報所有人，愈顯主榮。

最後，再回到我叨叨絮絮的媽媽經裡，如果說做完神操可以成為「新的人」，用新的眼光看待一切的狀況，那麼我私自以為，讀完這本書，至少可以汰舊換新自己某些小零件。生活日復一日，一不小心就會習以為常，閉著眼睛都可把衣服丟到洗衣機、關上蓋、按下開關。失去敏感的神經、檢視的眼光，就像食不知味，難以在一切事物上發現天主，找到意義。

說到底，聽我的媽媽經，還不如您拿起這本書，仔細閱讀。

本文作者：顧景怡，磐石基督生活團團員。輔仁大學營養學系畢業，美國伯明罕阿拉巴馬大學公共衛生碩士暨臨床營養碩士。曾任《康健》資深記者、啟示出版編輯。著有《選擇生命被看見：拍紀錄片的護士》（天下雜誌出版）、《成功抗癌》、《女人身體大小事》（以上為合著），譯有《真食物的奧秘》、《青春，一場腦內旋風：第七感練習，迎向機會與挑戰！》、《多喝水》（合譯）。

推薦序五

帶你認識基督生活團的一本書

陳德儀

每當聽到兒童稚嫩的歌聲唱著“Jambo Bwana…Hakuna Matata, Hakuna Matata…”[1]時，總讓我想起二〇〇三年接受台灣基督生活團派遣，與穆宏志神父和另外一位團員張令憙小姐，一起遠赴肯亞參加世界基督生活團代表大會的情景。藉著所有與會代表及會議的進行，我更深地認識並肯定基督生活團：一個使徒性團體的所言、所行、所是。

在會議中，有多次個人或團體分享「一個發現天主旨意的旅程」：在日常生活事物中尋求並找到天主，雖然面對困難、黑暗、孤寂……，為此每個團員接受召叫並被派遣而調整生活的優先順序，渴望以「更」的精神去生活並順服天主的措置，按照我們個人的特恩，以開放、自由的態度在使徒生活上作見證和服務他人。

1. 獅子王（The Lion King）的一首歌，源於肯亞斯瓦西里語，意思是「不用擔心」或「沒有問題」。

多明尼加共和國代表長得非常像卡通影片中的辛普森，他原是該國選務機構主席，享有政府配房及配車等高官福利，經過個人和團體協助職涯分辨後，他召開記者會辭官，放棄權力和福利，成為一個專為窮人服務的執業律師。

肯亞團員約瑟夫更深入地分享他們在貧民窟中伸出愛的雙手，服務愛滋病患及帶原者的使徒計劃，他真實地描繪出如何用愛與憐憫和他們共同生活在一起，讓我淚流不止。

日本代表SEIKO小姐在大會期間不斷地發給大家日本憲法第九條的貼紙②，以不流利的英文解釋日本教友希望維持憲法第九條「不得參戰」的規定，讓戰爭遠離日本。面對現今世界時有耳聞有人因政治或戰亂，被迫面臨生命的威脅和流亡，她的身影常出現在我的祈禱之中。

韓國基督生活團看到社會中愈來愈多外籍勞工的需要，經過團體分辨後成立勞工中心，有數名團員全職或兼職投入勞工中心，協助外籍勞工文化生活適應，提供就醫或申訴的語言翻譯服務。

厄瓜多團員和耶穌會會士一起合作，用依納爵靈修培訓志工，為偏遠山區窮苦的居民服務，範圍包括醫療、教育、社區營造、蓋房子及廣播電台等。看到幫助者

2. 《日本國憲法》第九條規定三大原則作為和平主義，成為《日本國憲法》第二章的主要內容，包括放棄戰爭、不維持武力、不擁有宣戰權。《日本國憲法》也因此被稱為「和平憲法」。

及受助者臉上綻放出燦爛的笑容，真的是看到天主在我們身上行了大事，願意我們生活在祂所應許的福地。

感謝耶穌會與我們分享依納爵靈修，使成為我們團體的寶藏。因著依納爵靈修的培育，我們得以共同的語言和渴望生活；藉著團體的培育和團員彼此的生活見證和支持，我們不斷地強化我們的認同及共同承擔使命的責任感，隨時準備自己和團體接受派遣去為他人服務。上述動人的故事自近五百年前第一個團體建立至今，隨著歷史不斷地一直在世界各地有基督生活團和團員的地方發生。

雖然團體一直面臨不同程度的困難，在此旅途中有光明面也有黑暗面，我們也覺察到自己的限度和軟弱，而這些正是天主的恩寵所在。今日因經濟、戰爭、恐懼、疾病……等等所分裂的世界，相較於基督以賜給生命之糧將自己全然給予的方式，天主的食糧必須被擘開分為一片片才能與眾人分享，這樣的愛鼓勵著所有團員。我們被派遣的使命就是將這些來自同一基督，卻被擘開為碎片的天主食糧帶給世界，在被切割的生活中（不只包括人與人，地理上或文化上，也包括個人的職場生活，家庭生活等等複雜的生活狀態），體會到我們是一個在我們所居住的世界中，為天國而勞苦的團體。

更感謝多位耶穌會士，包括本書的作者穆宏志神父、朱恩榮神父、弘宣天神父……等等，以及多位已經在天上為我們團體和團員祈禱的袁國柱神父、孔達仁神父、宣國榮神父……等等，他們無私的奉獻和陪伴台灣基督生活團和團員，在生活、靈修和團體各方面對我們的輔導，使我們日益在具體的生活中順悅天主的意願。

如果你想一窺基督生活團近五百年來如何依靠依納爵靈修的培育傳承至今，並如此活躍地在生活的各種面向敏於時代訊號、回應天主召叫的祕密，這本書無疑能幫助你一探究竟。

本文作者：陳德儀，磐石基督生活團團員，曾任中華民國基督生活團執委會主席，為永久奉獻團員，目前任職銀行業。

作者序

從信友團體的角度，反省依納爵靈修

在我的生活中，幾乎有四十年的時間在陪伴基督生活團：陪伴個人、陪伴他們做日常生活中的神操（可能接近一百人）、陪伴個人的或是團體性的避靜（從半天到五天）。因為這樣，我常常接觸依納爵靈修，而且是以應用於這個團體的角度來看。同時，這也使我繼續不斷的從這樣的立場反省信仰。

另一方面，許多年前，我受命開始給神學院的耶穌會團體講解一些簡單的依納爵靈修：每個星期十分鐘。具體的說，我是為了正在受培育的年輕會士而講的，可是，神學院的耶穌會會士全都會參加。我應該接受這個工作的理由是，本來負責這份工作的那位神父蒙召回到天父那裡。由於缺乏經驗和時間的緊迫，我參考了 Dhôtel 神父的 *La Spritualité Ignatienne—Points de repère* [1]，這樣就成了出版這本書的遠程準備。

1. Jean － Claude Dhôtel, S.J. ，*La spiritualité ignatienne. Points de repère*， Vie Chrétienne : Paris， 1991， 我用了西班牙文的翻譯本 : *La espiritualidad ignaciana. Claves de referencia*. Traducción de J.L. Saborido y G. de Pablos， Sal Terrae: Santander， 1991.

至於啟發這本書誕生的火花，則是我所陪伴的一個團體，有一年決定要複習他們所認識的依納爵靈修。原來的想法是他們每一個人準備一個主題，然後在聚會時介紹，以引發大家進行靈修分享。這是一個很好的意見，方法也不錯，因為教學比自己閱讀的學習效果更強。但是，理論是一回事，事實是另一回事。他們一方面缺乏具結構性的知識，另一方面也沒有足夠的時間準備，能用的資料也不易取得，所以，很快就發生短路的現象。

開始時他們問我該談論哪些主題，進行時很快就發現他們準備的內容並不豐富，因此也無法引起較具深度的分享。於是，幾年以前的一個寒假（包括大年初一），我堅決排開一切瑣事，進了辦公室，開始著手寫作。我寫了一個非常仔細、能發揮主題內容的一個綱要。這個綱要非常受歡迎，因而決定以後由我來主講每次的主題，而後再進行分享。這本書就這樣誕生了，希望它能對使用華語的基督生活團團員有所幫助。

在此，我正式對 Dhôtel 神父於書中提出的「依納爵靈修的關鍵點」表示感謝，任何讀過這本書的人立刻會發現，我從那本書中獲得了多少的知識和靈感，我只是為了基督生活團的自我意識（靈修、使命、團體）將他提出的觀點做了新的安排。

我也非常感謝磐石基督生活團的團員在我講課時錄音，並做之後的謄稿工作，其中許惠芳小姐花了不少時間整理這些文字，在此也特別感謝她。

導論

靈修的意義

按照〈作者序〉中我所提的那本書，靈修這個字能表達三個不同的事實。就是因為這個字有複數型式，所以提醒我們，這個用法已假定了「人的限度」。或者更好說，在教會內有不同的靈修，反映出人在面對無限天主的奧祕時，確實是渺小。基督新教的弟兄姐妹們非常驚訝：這樣的現象不是屬於不同的教會，而是在同一、唯一的教會中同時擁有不同的靈修與團體。

其實，這也不是怎麼令人驚訝的事。人，基本上是有限度的，天主的奧祕即使在基督的啟示之後，仍無法被人理解窮盡。但是，人的這個限度容許聖神給他的教會不同的神恩，而不分裂教會。相反的，在不同的面貌上更增加教會的唯一性。

人們對豐富的天主神恩常常只認同了一部分，由此明顯的表現出人的限度。這個現象其實是很健康的，但是，我們應該常常小心，避免絕對化。個人對神恩的認同應當轉而感謝天主，因為祂是這神恩的泉源，同時也應該為別人得到不同的神恩而感謝祂。

所以，我們要解釋靈修所含有的三個不同的意義。

一種談論天主的方式

基本上，我們已經有一個談論天主的方法，就是神學，意思是天主是某一個知識的對象，我們以合適的方法接近祂。這個目的不是為了「懂」天主，因為這在我們現在的狀況是不可能的（在天堂也不可能，因為天主無限，而我們的理性有限），但是，這可以表現信德的理性面，或是我們所相信的事實其彼此之間的關係，甚至於讓我們了解它們所包含的因素。顯然的，這樣的工作從信德的立場（信仰）比較容易做，因為某種程度上，沒有信德也可以做神學：客觀的注意到啟示的內容並討論它和它的來歷。

中古世紀以後，隨著士林神學的發展，神學逐漸失去了感情的一面，因而與靈修分離，於是西方教會有了兩種談論神學的觀點。著重情感層面的靈修因此比較吸引女性，而男人在這種與靈修分家的神學概念中，反而找不到生活的層面（其實大部分的人也不懂，因為神學包括了很多的哲學背景），如此一來，造成了西方教會的女性化[2]。

從靈修的角度而言，我們說天主是「一位」（而不是說天主是一個有位格的存有，這是神學的說法），或者更好說，靈修並不談論天主，而是和天主談話。因為它的內容不是一些概念，而是人活生生的體驗到天主和他的關係。靈修比較保留感情的層面，同時不忽略信德的基礎，這個基礎包含了聖經的啟示，它是經由信仰團體傳遞給我們的。

一條走向天主的道路

靈修不是另外一種神學。首先它是一個個人對天主的體驗，也是一個和祂來往的方法，是對這個體驗的反省。無論是體驗的內容或是幫助人有同樣經驗的方法、反省，都可以使我們意識到這個經驗，將它客觀化，因此能與他人分享。

2. 有位作者以此為題寫了一本書，他認為教會中男女的比例很不平衡（女多於男），這個情況影響到教會的禮儀和組織，教會也因此「女性化」了。

靈修大師做的就是我們剛才所描述的。曠野的靈修大師（甚至保祿宗徒自己）做的，就是了解自己的經驗，並將此經驗變成一種參考，領導他人走同樣的路。

一個靈修的家族

最後，靈修也能指眾多跟隨那些大師的人，配合他們的方法度著不同的生活方式。

的確，我們這一系列反省所要談的就是依納爵靈修，除了涵蓋上述的三個靈修意義之外，它也是「基督生活團」的靈修依據，這樣，就靈修家族的意義而言，基督生活團的專屬特色就此顯現出來：它非常靠近耶穌會，和其他接受依納爵靈修為他們靈修依據的修會。我們將在本書最後一章發揮這部分的內容。

依納爵③的生命經驗

從追隨世俗到渴望天主

人充滿了渴望，依納爵也充滿了這些渴望，直到這些渴望領著他耗盡了自己的

3. 依納爵・羅耀拉（Ignacio de Loyola，1491 － 1556），西班牙貴族，在一次戰役受傷後得到悔改的恩寵，反省自己的祈禱經驗寫下《神操》，作為幫助人找到天主旨意的操練方法。為天主教耶穌會的創立人，也是教會歷史上有名的聖人之一。關於依納爵的生平重要事蹟，讀者可參考本書第 60 頁。

精力。他所擁有的渴望，是他那個時代背景下的世俗渴望，然而不管這些渴望多麼不可能實現，他還是激烈的渴望著。這些渴望在心中推動著他，但也讓他感到空虛和乾枯。

從這些渴望的裂縫中，出現並發展出人最深的渴望：渴望天主。人可以努力的掩蓋它，然而人對天主的渴望還是如同裂縫中長出的植物一般，充滿力量的冒出來。因為「祢為了祢自己而造了我們，我們的心靈無法安寧，直到它在祢內安歇」（聖奧斯定的話）。依納爵意識到這點以後，並沒有改變他的「渴望強度」，但改變了他的方向：不是向著世俗，而是朝向天主。

離開家

從亞巴郎以來，人對天主的渴望和渴望跟隨祂，常並存著一個「離開家」的經驗。通常，這個「離開家」不是一個說法，而是一個事實。依納爵就是這樣。

第一次離開家，是被他的家人送到另一個貴族的住所。這個「離家」帶領依納爵走到世俗的渴望中。第二次是內在渴望的心，悄悄的叫他離家：這是侍奉天主，效法聖人的渴望。他決定去阿蘭撒蘇（Aranzazu）的聖母像前守夜，獲得了不少靈修上的益處。他從以前自己所服侍的公爵家中領回他應得的薪俸（幾塊金幣），然而這不是為了買漂亮的衣服，而是為了歸還他所欠的人情——他把錢給了幾個人，並請管堂的人好好整修聖母像。他辭退了陪伴他的工友，獨自騎著騾子走向蒙賽辣（Monserrat）。他這樣一步一步的離家，離開原來佔據他的渴望，而這些渴望已經變成侍奉天主的渴望，並由此獲得很大的神慰。

每一次想要發展一個與天主親密的關係時，這個「離家」是必須的：離開這個以罪為結構的世界。亞巴郎離開哈蘭、耶穌離開納匝肋、門徒離開貝特賽達、保祿離開他的法利賽主義……。離開、出去，將舊的價值丟下，接受新的價值，也就是天國的價值。

從天主手中接受自己

可是，還有一點。上面提到說，依納爵穩步的走向蒙賽辣。兩年以後，他的步調卻沒有那麼穩：「朝聖者發現天主的旨意不在耶路撒冷。」（自述小傳④ 46、

4. 《聖依納爵自述小傳 ‧ 心靈日記》，侯景文、譚璧輝譯，台北市，光啟文化，1999。

47）在這兩年當中，發生了什麼事？從離開家一直到蒙賽辣，他自己決定了一切：改變生活、離開羅耀拉（Loyola）、發配了他的錢；在蒙賽辣辦了長達三天的總告解、留下他的武器和母騾給當地的修院；把他的衣服給了窮人，在蒙賽辣守夜。最後，他也決定去茫萊撒（Manressa）：「為了在那裡過幾天……」（自述小傳18），只是原來打算的「幾天」，竟變成了幾乎一年的時間。因為天主在那裡等待他，為了完成他的悔改。

到此，依納爵已經有了一個合乎倫理的生活。他的行為與悔改之前大不相同了。他的價值觀也不同，但還不是宗教性的悔改。假如我們再回顧《自述小傳》中關於他在茫萊撒時期的描述，文字中的主詞都是「他」（依納爵），但是，一個奉獻給天主的生命，其生命的主詞應當是「天主」。這就是依納爵在茫萊撒那段期間所學到的教訓：他學到了從天主手中接納自己，讓天主領導他（即使有時候應該藉著人，比方說：耶路撒冷方濟會的會長）。因此，從耶路撒冷回來以後，他的語氣變得沒有那麼肯定：「常常考慮⋯，他比較傾向⋯」。他不再像之前那樣自己做一切的決定，他注意到需要讓天主領導他。

依納爵的教導

延續和人談論天主的習慣

我們剛才談到依納爵的多次悔改。他在羅耀拉和芒萊撒的經驗，就是他教導神類分辨的基礎。他從經驗中學習到，在和一般人談話中，也可以常常分享信仰。他在羅耀拉時就已經開始這樣做了，後來在芒萊撒更發揮這個助人的方法，常和人談論天主、美德、惡習等等（注意這個偉大的「等等」，在本書中會多次出現）。我們也知道，這樣的方法在亞卡拉（Alcalá）和沙拉曼卡（Salamanca）給他帶來不少的不愉快和困難：主教的代表和道明會會士們質疑他的資格，並且禁止他繼續談論信仰的主題。因此之故，他去巴黎求學。但是，他在巴黎也遇到類似的困難（自述小傳81）。

有一次，有一位名叫法拉格（Frago）的博士向他說，他驚奇他所處的平靜，沒有人找他的麻煩，依納爵回答說：「原因是我不向任何人講論天主的事了；但在讀完書以後，我們要重拾我們的習慣。」（自述小傳82）**這個與人談話的樣子，從一開始就是依納爵夥伴們的行事之道。**

▶你可能不知道……

「等等」不只是「等等」

這邊要說的「等等」，英文是etc.，是源自拉丁文et cetera的縮寫，通常出現在舉例的時候，像是「今天的晚餐菜色有燉牛腩、鹹蛋苦瓜、涼拌海蜇皮等等」。

「等等」，在依納爵的《神操》是個經常出現的字眼，其頻繁出現的程度令作神操的人實感詫異。在《神操》106號出現了這樣一段文字：「**第一，那些分布在地面上的人，不同的服飾和舉止；有的是白人，有的是黑人的；有的在平安中，有的在戰火中；有的哭泣，有的歡笑；有的健康，有的生病；有的剛出生，有的即將死去等等。**」（引用《神操新譯本：剛斯註釋》）

依納爵把默觀的諸多自由交給作神操的人，經常出現的「等等」，有點像是讓他們自由發揮，這個無限大的自由，賦予個人極大的想像空間，說是天馬行空，但又並非憑空虛構。這樣的想像並非無用的空想，而是無限延伸的想像，讓人得以體味人生的各種況味，在一切紛擾降臨之前，作神操的人早已做好準備，可以如同憑著直覺般，毫無掛慮地擁抱超乎想像的變故、災難等等。

親愛的讀者，如果願意數數這本書裡面的「等等」有多少個，初步的答案是：很多，比依納爵在《神操》中使用的還要多，充分反映了依納爵弟子的思維方式，無庸置疑是「更」的精神。

（本文由基督生活團團員徐仲秋撰稿）

按神類分辨的結果行事

依納爵繼續不斷地實行自己對分辨神類[5]的教導。一個很好的例子是，耶穌會的使徒工作方式從建立修會開始到他離世時，經過了很大的改變。本來他們要做的是到處宣講或是實行教宗委託給他們的使命，但是直到依納爵去世時，耶穌會已經建立了許多所學校[6]，然而學校是最讓人定居一處的工作，這與他們到處宣講的原意不符。有會士（包括首批會士）因而抱怨：建立那麼多的學校正在改變耶穌會。然而依納爵看到，為了讓使徒工作有所成效，辦學校是一個很好的方法，所以接受分辨的結果，建立了許多學校。

注意夥伴的經驗

依納爵常常注意別人的經驗，上述關於學校的經驗是一個例子。依納爵從各地回報的經驗與狀況來分辨並尋求天主的旨意。由依納爵撰寫而保留下來的書信非常多，共有十二卷，接近七千封信。那些信件答覆各地的人提出的困難和問題，這些文件為瞭解依納爵的靈修是非常基本的資料。從書信中可以看到依納爵應用在生活

5. 分辨神類是神操的特點，依納爵基於自己的祈禱經驗發現，人內在的思想可能有幾種來源，第一種為我所固有，出自我本人的自由和意志；其他兩種來自外界，一種來自善神，另一種來自惡神（參閱《神操》32 號）。分辨神類就在於意識並覺察到我們的思想有這些不同的推動來源，這樣我們在做決定時就能更為明智。可參考本書第七章第 188 頁。
6. 不同的資料有不同的記載，但大約是五十到一百所不等。

事件中的靈修，沒有它們，《神操》及《自述小傳》只停留在理論上。

但是，他不只給我們一些經驗的教導，他也希望每一個人都有類似的經驗。這樣的經驗幫助大家更完全的實踐耶穌會的行事之道，就是經常借重夥伴們的經驗。因此，無論在耶穌會《會憲》⑦，或是在信中，他常常提醒人們應該注意不同的人、時、地的差異，因為他人的經驗都會幫助自己在具體的生活狀況中尋求並找到天主。

基督生活團（CLC）

CLC（Christian Life Community）這三個字母代表一個三角形的三個角。在這三角形中繼續不停的交流著圓滿的生活。神學在談論天主聖三的時候有一個格式：不可分開形體，也不可混合位格，沒有開始也沒有結束。也許我們也可以對CLC這三個字表達一樣的要求：不可分開亦不可拿掉任何一角，否則一切都會倒塌。

天主父是子的父，也是聖神的發者，所以一切都是源自於祂。我們以聖三間的關係來看CLC三個字之間的關係。第一個C（Christian），就是「基督的」，代表靈修，從這樣的靈修產生團體和使命（猶如天主父是子與聖神的根源），同時，所

7. 1556年，依納爵在生命將盡之際為擁有近千位會士的耶穌會（The Society of Jesus）草擬了《會憲》，做為修會生活的準則。

產生的團體和使命也讓靈修完全發展和整合。任何我們具體生活的狀況，任何與天主的關係（靈修）都在世界上、在人間實行、發生，因此，自然而然地，人會形成團體（Community），而我們在世界的生活（Life）就成為使命。因此Christian—Life—Community這三個字建立和支持著基督生活團。靈修、使命和團體是分不開的，彼此支持，所以可以說這是一個無始無終的關係。

按我們所解釋的靈修的意義，靈修能是一種談論天主的方法（靈修）；或是一條走向天主的路（對基督生活團而言就是使命）；或是一個靈修的家族（團體）。於是我們可以看到，CLC這三個字符合我們所提的靈修的三個意義，而且也就是它自己本身。

本書將按這樣的架構來發揮：

從靈修開始談起：我們與怎樣的天主來往？向天主說話的那個人、我們所生活的世界。這部分我們會加上幾則介紹，關於神操和一些依納爵靈修的特殊祈禱方式。之後，我們會談使命：選擇過使徒的生活、我們的生活就是使命、從事使徒工作的準備與選擇。最後談靈修家族：依納爵靈修家族的成員、從團體生活而來的經驗與反省、在教會內的依納爵家族。

【第一部分】
從依納爵的經驗看靈修

我們給出一切，是因為接受一切來自天主；
我們接受了天主，是因為給出了自己，讓天主做主。

第一章　我們與怎樣的天主來往？

我們應該做一些努力，以了解我們在祈禱中是與怎樣的天主來往。我們說「天主」，意思是什麼？我們太習慣用天主這個詞，可是，我們並不注意內容。我不會在這裡講授整套的天主論，如同我在神學院授課一樣。但我會特別注意到三個層面：三位一體的天主、創造我們的天主、降生成人的天主。

三位一體的天主

三位一體是我們信仰的基本教條，也是特屬於基督宗教的，但是，在我們的靈修生活中幾乎沒有什麼影響力。原因可能是當我們一想到三位一體時，首先會企圖瞭解它，而後注意到我們無法了解它，最後，我們就很被動的接受它。所以我們很容易就接受「這個奧祕不是一個矛盾」，雖然我們並不明瞭；反正只要這是我們宗教傳統的一部分，是我們的信仰就好了。

假如我們明瞭，為了能夠接受這樣的詞、這個格式——（至聖）三位一體，教會需要經過多麼長的辯論，那麼，我們會多了解一點它的內容。但是，我們應該了解，天主啟示給我們這個奧祕，並不是為了使我們懂祂，而是為了使我們愛祂。

人無法想像的神觀

我們應該強調，一個天父的概念，帶來了天主子的概念（再加上天主聖神），這在強烈的、唯一神的猶太宗教中，是完全不可想像的。在初期教會的希臘羅馬多神世界裡，也看不出一個神為什麼要限制在一個天主父、一個天主子這樣的格式裡。這兩個文化根本不準備接受這個奧祕，沒有任何人可以想像得到那樣的一個神。沒有任何宗教有這樣的一個概念，甚至於和基督宗教比較近的宗教——猶太教、伊斯蘭教，也都非常反對這個概念。對他們而言，這絕對是最可以區分自己和基督宗教的一個概念。對他們而言，這是一個絆腳石。

可是，耶穌自己用了父和子這樣的字（這是門徒所傳下來的），其中應該有一個意義和解釋（聖經中的解釋只是說明耶穌為何用了這樣的字，而不說明這些字所指向的內容）。教會做過很多的努力來解釋這一點，可是都沒有被接受，因為都不能完全符合耶穌的說法，一直到找到了我們現在所用的說法：三位一體。為了這個說法，人們需要創造一個新的概念：位格（persona）；但是沒有任何文化有這個概念。

「三位一體」格式的成形

前面已經提過，沒有任何一個宗教有這種理解：三位而只有一個天主。我們人沒有辦法想像這一點，因為我們受到我們思想模式的限制。我們每一個人都是一個獨立的存有，我們分享同樣的人性，可是沒有任何人擁有全部整個的人性。但天主不是這樣，天主父、天主子以及天主聖神祂們三位都各自擁有完整的天主性。由於我們的有限，不知不覺的便將人的經驗反射到天主聖三。因此，在還沒有找到現在的表達格式之前，我們用以解釋耶穌的話的方法就出現了兩極：或是用形式主義表達（只有一個天主，以三個不同的形式啟示給我們），或是用三神論或三位三體論

（不知不覺的說等於有三個神）的說法表達。

教會很晚才接受第二位完全如同父一樣是神（尼西亞第一屆大公會議，公元三二五年：「與父同性同體」），也肯定第三位——聖神的神性（君士坦丁堡第一屆大公會議，公元三八一年：「與父和子同受欽崇，同享光榮」）；教會需要三百五十年的反省，才能給耶穌的說法一個合理的解釋。

三位一體的本質：互愛、交流與共融

《若望一書》說：「**天主是愛**」（四章7節），他不說天主有愛，他說天主是愛。我們說天主是三位一體，意思就是說天主是愛。天主父，繼續不斷的從永遠到永遠「生」子，子繼續不斷的，從永遠到永遠受到父所給的生命，祂是唯一父所生的子，而以愛將這樣的生命交給父。父認識子，子也認識父，而這個彼此認識是一個不能休止的喜樂的泉源。這樣的彼此給予和互愛，建立父與子的關係。我們能想像這樣的關係包含一個很大的愛，而的確天主有那樣的愛，並且有一個專有名詞，因為這也是一位：第三位聖神。聖神從永遠到永遠從父和子得到存有，就是「受發」（東正教說父藉著子發聖神）。天主父和子共發聖神，這是「主動的發」；聖神繼續不斷的接受，這是被動的，是受發。在天主內，一切都是共用的，除了以下這四個關係：父性（主動的生）、子性（被動的生／受生）、主動發、被動發（受發）。

因此，我們所相信的天主，我們對話和溝通的對象，不是一個單獨的、生在祂的奧林匹克山上的天主，如同希臘羅馬人所想的一樣。也不是一個唯一的、孤獨的坐在水上、祂的寶座上的天主，如同希伯來人所想的。這樣的神是孤獨的，沒有任何對話的對象，沒有愛的對象，也無法得到一個相稱的答覆。假如我們注意到，在人間除了死刑以外最大的懲罰是關禁閉（無法與人來往），那麼我們會了解到，雖然我們不懂三位一體，但這個事實為我們其實是一個很大的安慰，因為天主不是一個單獨的存有，不是封閉的，祂是內在互愛、共融的存有，是一個豐富的生命。

依納爵對三位一體天主的奉獻（devotion）

有一個拉丁字devotio，我們（外國人）常常將它翻譯為「熱心」，但這並不是一個成功的翻譯。devotio（英文是devotion）的意思是「奉獻」或是「獻給…」，和修會三願生活的 vow（發願，拉丁文是 vota）那個字是同一字根，所以這個字包括「欽佩」和「羨慕」的意思；同樣的，它也有「熱情」和「奉獻給那位」——讓我們羨慕的那位——的意思，這樣，也許「**忠誠加熱心**」會更適當的描寫出依納爵對天主聖三的態度。

但是，關於依納爵談論聖三的文字記錄，我們知道的並不多。他與聖三三位間的關係是一個自己留守的祕密，他沒有強迫跟隨者也該對聖三有同樣的奉獻。但是，他對聖三的奉獻是他所留下的靈修遺囑中的一部分。在我們最熟悉的依納爵文件中，聖三並不常被提起，但在非常重要的時刻卻出現過幾次。

《神操》[8]中的文字記載

在《神操》〈降生奧蹟的默觀〉[9]，第一端的第二點說：「觀看並存想天主三位，好像在君王的寶座上，正在俯視地面各處」（神操106），或是「觀察天主三位的工程，便是完成降生成人的神聖奧蹟」（神操108），在這操練的結束，最後做一個對禱，想一想**我該向三位說些什麼**（神操109）。

8. 本書中所採用的《神操》版本是《神操：通俗譯本》，侯景文譯，台北市，光啟文化，2003。關於《神操》，讀者可進一步參考本書第 63 頁。
9. 我們應注意這個默觀也有地上的景象，因此，也可將此默觀稱為〈領報的默觀〉：這是同一個奧祕的兩面，一個是從天主聖三的角度看，另一面是從人的立場來看。

《自述小傳》與《心靈日記》⑩的文字記載

在《自述小傳》中並沒有多提到聖三，但在一個地方卻很明顯的提到，雖然相當長，但值得寫下來，這是他在茫萊撒獲得的特殊恩惠：

「他對天主聖三懷有很大的熱愛；他天天向聖三中的每一位禱告；他既然也向至聖聖三祈禱，他便自問怎樣對聖三做四種祈禱呢？不過這個思想並不使他煩惱，認為是無關重要的事。某日，他念著三鐘經走進修院時，他開始神魂超拔，就如看見了天主聖三像琴鍵的形狀，一時淚流如注，甚至嚎啕大哭，好像神不守舍了。同一早晨他參加遊行，由同一地點出發，一直到午餐時止不住地流淚；飯後除了講論至聖聖三外什麼也不能做，而且是用一大堆各式各樣的比喻講，充滿了神樂神慰，致使他一生，幾時向至聖聖三祈禱時，便想起這感受很大熱愛的印象。」（自述小傳28）

在這段敘述中，他六次使用了「聖三」這個字，而且還給了我們一個特殊的圖像。

10. 《聖依納爵自述小傳・心靈日記》，侯景文、譚璧輝譯，台北市，光啟文化，1999。

在《心靈日記》中，他記錄每天做了什麼彌撒。我們應該了解到，在梵二禮儀改革之前沒有平日彌撒的經文，假如不紀念什麼聖人，司鐸可以選前一個星期天的彌撒經文，或是按他的熱心來選擇彌撒經文。依納爵記錄說，他常常做聖三的彌撒，比方可以看一五四四年二月十八至廿二日這五天的彌撒（心靈日記17－21）。他也向聖三奉獻他所做的選擇：「……，我深信祈求已獲垂允。」（心靈日記23）

我們的創造者、我們的主

這是聖依納爵在《神操》中常用的說法，而這個說法也綜合了他面對天主的態度（比方在《神操》15、16號中，使用這兩個格式有六次之多）。我們在上一段看到影響依納爵的天主圖像，現在我們要看的是依納爵對天主——和人有關（人的來歷和現況）的天主屬性——的體驗。人是從天主來的，因此，天主自然也是人的主。

依納爵對「創造」的體驗

在《自述小傳》中有非常重要的一段，提到我們剛才說的天主聖三：「一天他懷著很大的神樂，心中想像天主創造世界的情形；他好像看見從其中發出光芒的一片白的東西，天主從其中發出光明。但他不會解釋這些事，他也記不清天主在那時給他心靈內所印的那些神靈的知識了」。（自述小傳29）這是依納爵在芠萊撒的體驗，他不會解釋，也記不清楚了，可是他感覺到「很大的神修的喜樂」。無論怎樣，這是一個基本的體驗，因為讓人體會從（創造）開始就已存有的天主。

在《創世紀》的描述中，天主的創造工程是以「分開」的方式來進行，值得注意的是，在依納爵靈修中，「區別」也是一個很重要的因素（區別目的和方法、分辨神類，還有好好的看待事情等等）。就如同在創造中，首要的是光明（在芠萊撒的體驗特別強調光明）。光明是為了可以看清而能有所分別：不要有什麼霧，不要有什麼煙，有如在惡神的影子中一樣。

與創造者有個別的關係

依靠上述，對人來說，天主的基本屬性是創造者，我們的經驗是這樣開始的：「我信全能的天主父，天地萬物的創造者」，這也是一個基本的概念，為表達人是從什麼立場來看天主。既然祂是創造者，祂也是主，因為一切都是從祂來的，一切都屬於祂。在做神操的過程中，最重要的時刻時，人應該單獨面對天主——他的創造者和主，不要有任何人當做中介。在這樣的狀況中，人能區別出他與天主有一個個人的關係。

面對創造者天主，人自然的有一個敬禮天主和謙抑自下的態度。《神操》第75號表達得很清楚。另外，在〈耶穌聖誕〉的默觀中，再一次強調這個態度：「**觀看聖母，聖若瑟和那婢女，以及已誕生的耶穌聖嬰。設想我是一個微末的窮人，一名不中用的小僕，瞻仰他們，注視他們，侍候他們的種種需要，盡我所能地敬謹服務……**」（神操114）。敬畏但是並不害怕，因為天主是一位從不停止去愛的主。

降生成人的天主

在我們談論聖三以前已經提到降生的奧祕，在依納爵靈修中，這個奧祕是很基本的，天主就是降生成人的天主，藉著依納爵所建立的修會，接受祂的名字為修會的名字——耶穌會。耶穌就是變成人的天主的名字。依納爵在他的靈修記錄中也特別提到做耶穌聖名的彌撒：《心靈日記》第7號二月八日星期五、第13號二月十四日星期四、第15號二月十六日星期六。

我們是耶穌最親密的家人

「救贖」這個字，值得有一些解釋。我們很容易懂「救」這個字，可是我們可能不怎麼懂「贖」這個字。但是我們確實應該多加注意，因為此字帶來一個強有力的圖像。從《舊約》我們就可以看到，這個概念包括兩面：一是報仇，特別是血的報仇，就是一家或整個家族、國家，殺了我們的成員時，這個成員最近的親戚有義務殺掉那家（國）的一員以示報仇。另一面是買回，假如一個人被俘虜或是因為欠錢被賣為奴，與他最親的人有義務將他買回來，這樣的義務也能擴展到買回家族的土地等等。在這兩個層面中，很重要的是，有此義務要贖回的人必然是家族中最親密的一員。意思是說，我們說耶穌是我們的救贖者，肯定是因為他把我們當作最親密的家人，所以要來救我們。

在此比方中有一點小問題，就是耶穌向誰付了錢？不能是給天父，更不能是給魔鬼，還好，中文給我們一個很容易懂的說法：耶穌付了拯救我們的代價，這不一定是錢，卻能是祂在奮鬥中，拼命救了我們。《路加福音》第十一章21－22節會幫助我們了解這些：「**幾時壯士佩帶武器，看守自己的宅舍，他的財產，必能安全。但是，如果有個比他強壯的來戰勝他，必會把他所依仗的一切器械都奪去，而瓜分他的贓物。**」在這個比方中，魔鬼就是那個壯士，我們被關在牠的控制下。耶穌就是那位比他強壯的，打敗了牠，救了我們，不過，卻為此付出代價，就是祂的死亡：祂在打架時，付出了祂的生命。

與救贖者第一次相遇

對於那些跟隨依納爵，渴望藉由他的帶領找到天主的人，依納爵提供給他們的第一個圖像就是救贖者耶穌。因此他在《神操》第一週、第一天的第一個操練中說，奉行神操者應該做一個對禱：「**設想我面對懸在十字架上的吾主耶穌，向祂祈禱。我請問祂，怎麼以造物主之尊降生成人，又怎樣以永遠的生命而接受現世的死亡。**」（神操53）這樣的對禱應在後面幾次的操練中重覆再做。所以，當奉行神操者第一次接觸到降生成人的天主時，這個救贖者的圖像會深深地烙印在他的心中。天主不只是給我們救援，或是救贖，祂派遣給我們一個救主，一個救贖者，或更好說，祂自己以這樣的形態來迎接我們。

「救贖者」那個人的圖像

因此，那位救贖者應該特別是在比較關鍵的時刻，或是在奉行神操者最有困難的時刻出現在他面前。在《神操》95號〈默觀耶穌君王的號召〉中有這個圖像的回音：「**誰願跟隨我，應同我一起勞苦工作，將來也要同我一起享受光榮。**」

在第一週的操練中，我們體驗到，在罪惡中人無法拯救自己，感到無能為力，然而一接觸到救贖者，深感被救之後，心中便出現了無限的喜樂與感謝，因此在第二週的操練（神操97）做奉獻時，依納爵說：「**誰若願意有更大的愛情，在事奉永生之王、萬有主宰的事上與眾不同；不但甘願獻身服務，且要攻打自己的貪慾，割斷血肉和世俗的的私愛，做更有關係和更有價值的奉獻……**」這樣的人會對天主回應說：「**……只要能事奉祢、讚美祢，我真心願意，滿心切望，效法祢承受一切凌**

辱……。」（神操98）

在〈兩旗默想〉（神操136）中暗示到救贖者的圖像，耶穌對所派遣出征的人說：「第一愛慕神貧，甚至如果天主的尊威願意揀選的話，達到實貧；第二引人甘願受輕慢、凌辱。因為由這兩件事（貧窮、凌辱），自然就產生了謙虛。所以這裡也有三個階段：第一階段是以貧窮對財富；第二階段是以輕慢、凌辱對世俗的尊榮；第三階段是以謙遜對驕傲」（神操146），那選擇耶穌基督旗幟的人就是要接受貧窮、受辱與謙遜，有如救贖者耶穌一樣。

《神操》第三週的操練（神操190－210）全部都在觀看耶穌苦難的過程，也就是救贖的高峰。

以上幾個地方表示了幾次，幾次都指向同一位，就是那在十字架上受苦的、拼命救我的、死了的那位。

體驗到基督的人性

我們已經看過依納爵在茫萊撒，對天主聖三及天主如何創造世界的體驗，而關於基督，他也有特別的體驗。所以，他的靈修非常強烈地以基督為中心（雖然這一點是所有基督徒該有的）。他在《自述小傳》29號第四點說：「他在祈禱時，多次而且很長的時間神目看見基督的人性，顯示給他的形式有如一個雪白的身體，不很大也不很小，不過四肢看不分明。這事，他在芘萊撒見過許多次：他即使說二十或四十遍，總不敢說這是騙人的謊言。當他在耶路撒冷時，也有過這種神視，還有一次是在路上，在帕度亞（Padua）附近。他也在同樣的形狀下看見過聖母，分不清身體的各部分。他所有的這些神視使他堅強，使他的信德如此鞏固，致使他多次心想，即便沒有《聖經》教訓我們這些信德的道理，他也準備著為殉道而死，只是為他所看見的。」

耶穌是夥伴

當然，這樣的熱心在耶路撒冷達到高峰，不過，在往耶路撒冷的路上（一五二三年），他有一些特別的體驗。而在前往羅馬的路上（一五三七年），他也有一個特別的體驗，就是在面對誘惑與困難時，體驗到耶穌與他一起奮鬥為戰勝這些考驗：耶穌是他的夥伴，支持著他面對這些考驗。《自述小傳》96號的敘述是一個很特別的記錄：「在羅馬之前幾里處，他進了一座聖堂祈禱，感覺在他的心靈內起了很大的變化，清楚地看見了天主聖父使祂的聖子基督與自己結合為一。」雷奈士（Lainez，耶穌會第二任總會長）在前往羅馬途中陪伴依納爵，他留給我們一個更完整的記錄⑪：

天父向耶穌說：「我子，我願你拿他（依納爵）當做你的僕人。」耶穌便將依納爵和他的十字架緊抱在身邊向他說：「是，我願你做我的僕人。」

有人向依納爵說：「雷奈士在講述這件事時有較多的發揮」，依納爵說：「應該聽他的話，因為他的記憶力比較好。」很可能這是一個比較含蓄的表達方法，因為若是由他自己講出來，可能會顯得太驕傲了。

11. 參閱《聖依納爵自述小傳．心靈日記》第96號，註131。

與基督一起朝聖到父那裡

在〈永生君王的召叫〉（神操95）中，非常強調君王常常說「跟我一起，跟我一樣……」等等。我們知道，從奉行神操者的立場來看，那位君王就是救贖者，但是，那位救贖者就是在地上生活著的那位，祂在地上的生活，對跟隨此種靈修的人而言，是一個啟示的泉源。我們最常用的祈禱材料就是福音，因為在福音中有活生生的耶穌。耶穌不把自己當作一個模範而已，他行動，也是人的夥伴。

西班牙語的「夥伴」是 Compañía，字根是 cum pane，就是「吃同一個麵包」的意思。依納爵在同伴間體驗到的夥伴關係，是早在建立耶穌會之前十幾年就已經有了。而從一開始，這些跟隨耶穌的人也都體驗到做耶穌的夥伴的事實。依納爵的首批夥伴，包括那些沒有留下來跟他們一起去巴黎求學的那些人（在耶穌會成立以前的那些夥伴），都有了與耶穌同行共事的經驗。當然，那些後來一起建立耶穌會的人更明顯的表達了這樣的經驗。而同樣的事情也能實現在每一個朝聖到父那裡的基督生活團的成員身上。在每一件事情上尋求天主，只能出現在跟著耶穌的時候，因為祂就是走向父的道路。

專欄一

聖依納爵．羅耀拉生平大事年表

約1491
誕生於西班牙北部山麓的羅耀拉城堡，為地區貴族。

1521.5～1522.2
因與法軍作戰負傷，於家中休養，於此期間研讀基督傳及聖人列傳，立志作基督的尖兵，是為羅耀拉時期。

1522
2月底，離開家（動身朝聖），經過阿蘭撒蘇前往蒙賽辣。

1522.3～1523初
在茫萊撒山洞祈禱、默想、克苦，天主親自帶領他，他將一切心靈的體驗用文字記錄下來，成為日後《神操》的初稿，是為茫萊撒時期。

1523
3月至9月，前往耶路撒冷朝聖，方濟會會長不允許他留下，他接受這是天主的旨意，轉而回家。

1524
2月，回到西班牙。

1525～1527
開始在西班牙讀書（巴塞隆納、亞卡拉、沙拉曼卡），學習拉丁文、哲學，與人說神操，被地方主教警告不能宣講，因為他沒有讀神學。

1527
夏季，離開沙拉曼卡前往巴黎。

1528.3～1535
開始在巴黎讀哲學、神學，建立團體。法伯爾、方濟．沙勿略是成員之一，此團體後來成為耶穌會。

1534
8月15日，依納爵與同伴共七人，在巴黎蒙馬特（Montmartre）發願：貧窮、守貞、去耶路撒冷。

1535
回家鄉休養，也外出拜訪夥伴們的家人。

1536
在威尼斯讀神學，並給人講授神操。

1537
與夥伴們聚集在威尼斯，一共十一人，計畫稍後前往羅馬，好等待前去耶路撒冷的機會（等了一年）。

1537
6月24日，在威尼斯領受鐸品。

1537 10月，往羅馬的途中，在拉斯道爾達（La Storta）小聖堂有特別的經驗。

1538 12月25日午夜，在羅馬聖母大殿（Santa María Maggiore）舉行首祭。

1539 5月，與夥伴們一起分辨，願意成為一個團體。

1540 9月，教宗保祿三世認可這個團體。

1541 4月被選為耶穌會的第一任總會長。

1541 4月21日，所有在羅馬的夥伴宣發聖願，耶穌會誕生。

1541～1556 在羅馬（只有四次因短途旅行離開羅馬）。寫耶穌會《會憲》；管理新建立的團體；常常為它和教會祈禱；寫了一萬多封的信……

1556 7月31日，逝世於羅馬。

1622 教宗額我略十五世宣封為聖人。

專欄二
神操是什麼？

依納爵是耶穌會的創立者，他的貢獻不止於此，他還留下了《神操》這本書、這個靈修方式、這個做避靜的指導手冊。

神操（拉丁文為 Exercitia Spiritualia，英文叫做 Spiritual Exercises）是依納爵研發出來的靈修方式，包含了默想、祈禱和默觀，可以幫助人加深與天主的關係。大家都認為，鍛鍊身體對維持健康極其重要，那麼便可以想見，為何依納爵將這個鍛鍊靈魂體魄的方式取了這樣的名字。

原來，依納爵在找尋天主之前，不意外，跟當時很多貴族子弟一樣，想在戰場上討個功名，一五二一年的一顆砲彈炸傷了他的腿，也毀了這個指望。漫長、痛苦的復健，讓他有的是時間思索自己到底想要什麼，是追求虛榮，還是天主真正要給他的光榮。這套思辨的練習造就了嶄新的依納爵，他親身驗證這套工具的效果，更進一步相信，其他人也能因神操得益處，因而將這一切經驗寫下來，成為操練手冊。

這本書開始寫是在一五二二年，完成的時候是一五四八年，首刷五百本，其實沒有發售，全部耶穌會自用，到今天，卻是一本世界級的鉅著。

有個說法主張，作家寫的第一本書毫無例外都是自傳式的，套在依納爵身上也是如此，神操的過程其實紀錄了他自己的悔改經歷，當然，依納爵專家也提醒我們，書裡面說的未必等同於作者的經驗。

《神操》分為四大部分，每一部分稱為一週，其實跟一週七天的概念並不一樣。第一週觀看上主創造與生命，並思考人類因犯罪而導致失衡，世界進而分裂、產生諸多惡果。第二週，默觀耶穌的隱沒及公開生活，試著培養自己成為跟隨耶穌的門徒。第三週，進入耶穌的苦難與死亡。第四週是復活。

從一開始，就是依納爵親自帶夥伴們做操練的那時候，神操意味著是三十天避靜，且每天至少四小時默想。適合有此餘裕且需要分辨生命特殊召叫的年輕人，或是人生處於重要十字路口的人，到避靜院比較合適。

然而，現在越來越多平信徒做神操，稱為「日常生活中的避靜」，可以照常過日子，每天只用一段時間做默想，當然，跟做大避靜一樣，要定期跟講授神操的人面談。這個名詞很奇特，確實是依納爵的原意，他不稱作神師、導師或是帶領者，是他思考後精確的表達，因為那些名詞不符合他心目中的想像，也許可以用「同行者」來描述依納爵所期待的：「不強迫做神操的人接受自己的一套想法，尊重經歷神操的人本身的意願。」

有神操專家把《神操》比成食譜，三十天還是八週；更長，則比方為兩年，或是更短，只有八天。無論如何，做神操的人得按照提示到市場採買、烹飪，才能品嘗到書中所說的美妙經驗。依納爵擷取教會靈修長河的珍寶後，領悟出這套方法，有人比喻做神操是一趟旅程，《神操》是本工具書，讓朝聖者得知旅途上的階段和內心的需求，幫助他聆聽天主的召喚，讓人的自由意志面對自由的天主。

在基督宗教的傳統中，兩種祈禱算是主流，各有其與天主建立關係的方式。第一種是否定的方式，是以放棄感官、想像與理智，把自己掏空，好與天主相遇。第二種則是肯定的方式，是以欣賞天主所創造的一切來遇見祂。依納爵採取的顯然是後者。

依納爵跟他的追隨者明白，他們找尋天主的方式，不是等待天主給他們神視，而是走一條明智、謙遜的道路，如果天主願意，自然會在一切事物上找到天主。

（本文由基督生活團團員徐仲秋撰稿）

第二章　向天主說話的那個人

我們在上一章談了我們向祂說話的那位天主，現在要談的是向天主說話的那個人。依納爵想幫助什麼樣的人找到天主呢？

依納爵常稱呼天主為「我們的創造者和主」，而〈原則與基礎〉（神操23）提到說，「**人受造的目的，是為讚美、崇敬、事奉我們的主天主**」。在古老文化中，人確實會將神人格化，以為神不愛做家事，要人為祂煮飯、洗衣等等。這樣的想法把神降低為人，並不是依納爵的原意。天主並不需要創造，為表現自己的能力；祂創造是為了愛，為了分享、為了給予，人的讚美與崇敬是一個自然的答覆。依納爵認為，讚美、崇敬、事奉我們的主天主，就是快樂的接受天主的愛，知道自己是被愛的。這個愛會持續到永遠，這個愛也是個別的（天主一個一個的去愛），不是抽象的。

由三位一體的天主所創造

對耶穌時代的猶太人來說，他們的信仰中沒有三位一體的概念，他們所稱呼的天主就是《舊約》概念的天主。耶穌多次啟示天主為「父」，猶太人聽不懂。祂向天主祈禱時稱祂為「父」，而在談論天主時，稱祂為「天主」，因為是以人的身分來談天主。前面我們提到，教會從耶穌的言語中體會到天主不是孤獨的一位，而是三位一體的天主，因此在談創造時，要清楚人是三位一體的天主創造的，這個天主不是一個模糊的天主，是三位，是父、子、聖神同時創造我們的。另外需要注意的是，人在關係中受造；人和其他的受造物是相關連的，是同樣被創造的。

向哪一位祈禱？

在我們目前的彌撒禮儀中，一開始時我們會說「全能永生的天主」，結束時說「以上所求，是靠我們的主、耶穌基督，祢的聖子，祂和祢及聖神，永生永王」，這樣看來，其實在一開始時，我們的祈禱就是在呼求天主父，所以結束時才會說「以上所求是靠祢的聖子，祂和祢及聖神，永生永王」，因此我們是向三位一體的天主祈禱。雖然如此，不論在福音或是禮儀中，還是沒有那麼清楚的使我們與三位一體的天主來往。因此，我們在平常祈禱的時候，要注意自己是向哪一位說話，是向天主父，還是天主子耶穌基督，還是天主聖神？當然有時候我們是向超越者天主祈禱，但既然我們是「一位」，最好還是向另「一位」祈禱：就是要有位格對位格的意識，而不是自言自語或是空想。

▶你可能不知道……

〈原則與基礎〉

在進入神操的四個部分（或稱四週）之前，做神操的人首先要跟《神操》第二十三號拼搏。

乍看之下，〈原則與基礎〉那段文字很乾，而且，只要是聽過天主教要理的教友，都知道這個道理。默想〈原則與基礎〉，也可能沒什麼特別滋味，可是，《神操》專家郭年士神父說，一旦做完三十天的避靜，再回過頭來看，完全是另外一種感受，他形容「它像一齣歌劇的序幕，統攝著全劇的主題。」

以下摘錄〈原則與基礎〉當中極其重要的段落：

人受造的目的，是為讚美、崇敬、事奉我們的主天主，因此而拯救自己的靈魂。世界上的一切都是為人而造的，為幫助他追求他所以受造的目的。結論是對於取用世物，常該看自己受造的目的；它們能

夠幫助多少，便取用多少；能夠妨礙多少，便放棄多少。因此，我們對一切受造物，在不被禁止而能自由選擇的事上，必須保持平心和不偏不倚的態度：就是在我們這方面，並不重視健康甚於疾病，不重視財富甚於貧窮，不重視尊榮甚於屈辱，也不重視長壽甚於短命，其他一切，莫不如此。總而言之，我們所願意所選擇的，只是那更能引我們達到受造的目的的事物。（神操 23）

這裡面最重要的關鍵字是——平心，英文是 indifference。必須理解的是「保持平心」是神操最終版本的用語，其實依納爵還親筆寫過其它的版本，可以翻譯成「但求平心」，這其實比較貼近依納爵的本意。依納爵的平心是動態的，源源不絕未曾中止。平心是不斷追求的態度，而非擁有的堅持，它的基礎奠定於內心的「更加」渴望，而〈原則與基礎〉能喚醒做神操者更加渴望平心，也就是積極的平心。

來個趣味挑戰，你能有多平心？把財富 vs. 貧窮、尊榮 vs. 屈辱等等置換成你個人在乎的事物，比如：高分 vs. 死當、愛 vs. 恨、臭豆腐 vs. 米漢堡、歌劇 vs. 碧昂絲或者胖 vs. 瘦……等等，你自己去找出來，或者你會發現自己：其實沒那麼平心。

要注意，依納爵的平心哲學並非「誰在乎這個啊？」或是「隨便啦！」，他所要追求的平心是把自己的生命徹底地對天主旨意開放，也就是瑪利亞對報喜天使所說的：「願照祢的話成就於我。」

〈原則與基礎〉的重要性可以比做《神操》的 DNA，「人身上染色體內的 DNA，深藏了一個人的未來；〈原則與基礎〉的重心是在造物主那裏，人在祂的身上找到自己的歸屬。」

（本文由基督生活團團員徐仲秋撰稿）

意識到聖三第三位

我們平常在祈禱時，對於天主父和天主子比較容易意識到，然而對於聖神，我們比較不經意於祂的推動力量。其實在我們呼喊天主父的時候，或在呼求聖子救助的時候，內在是先有一個推動力量，那個動力使我們想呼求天父，因而將這樣的稱呼放在我們的口頭上。保祿也說過：「除非受聖神感動，沒有一個能說：『耶穌是主』的」（《格林多前書》十二章3節）。「聖神也扶助我們的軟弱，因為我們不知道如何祈求才對，而聖神卻親自以無可言喻的歎息，代我們轉求」（《羅馬人書》八章26節）。「其實你們所領受的聖神，並非使你們作奴隸，以致仍舊恐懼；而是使你們作義子，因此，我們呼號：『阿爸，父呀！』」（《羅馬人書》八章15節）。

個別向聖三祈禱

依納爵所體驗的天主是三位一體的天主。在《神操》中，依納爵要我們向聖三做對禱，那是在默觀〈降生奧蹟〉（神操101）的操練中進行的。他先要我們設想天主三位俯視世界廣大區域，看見眾人都走向地獄，便決定了天主第二位降生成人，為拯救人類。在做完默觀之後，要操練者面對聖三，向天主父表達自己的驚訝、感謝，向天主子耶穌表達無可言喻的感激，因為就是面前的祂——耶穌基督為我降生、受難，我向祂表達我內心的反應，最後再向聖神表達。這樣，面對三位所做的對禱就對應了〈第一前導〉中就提到的：天主三位俯視世界，並做了救世的計畫（神操102）。

依納爵在茫萊撒時，常向聖三的每一位祈禱。將天主看成一個位格，而不是一個似乎有些模糊的奧祕或是一個抽象的「全能者」，這將有助於我們和天主的溝通；位格對位格的來往，這樣的經驗也會影響我們和其他人的來往。「他人」是一個統稱，其實我們和他人來往時，還是要一對一的，每一位都不同，這就是我們所強調的位格關係。

愛與敬畏，不相矛盾

因為人是受造的，所以人渴望天主。人渴望像天主一樣，正因為人是受造的。人受造是因為被一位愛了、欣賞，因而能享受我所「是」的一切。當我了解我的智慧和能力是從無限大的天主來的，我就不停的被一種力量吸引，想尋求創造者，想要肖似祂。另一方面，我們是受造的，面對創造者，我們出現了願意侍奉、讚美的心情。

有一次，依納爵有一個非常深的體驗，他發現我們該當謙遜的敬畏天主，但那不是因為懼怕，而是一種愛的謙遜，是充滿了愛的敬畏，他求主給他這種愛的謙遜，為了繼續培養相似天主的渴望，另一方面又不會讓自己以為和天主同等。這中間有一個張力存在，敬畏和愛同時存在，並不矛盾。

自己的骨中骨、肉中肉

依納爵所體會到的「愛的謙遜」還有另一個幅度，那就是人與他人的關係。他體會到這樣的謙遜應該擴及其他的受造物：以謙遜的愛來愛所有的受造物。所有的人都是天主的肖像，我們對待他們應如同亞當初次看見厄娃一樣，將他人看成是自己的骨中骨、肉中肉，意思是和我一樣平等的人。因此，人是目的，不可以是東西、手段或工具。從外表看來，人很不相同，處境不同、長相不同、條件不同，但從信仰的眼光來看，人是平等的。天主三位，彼此有關係，同樣，人與人也是有關係的，我們都在受造的關係中生活著。世上每個人都不同，但都平等，因為都是天主的肖像，這是從創造的角度來看的另一種張力。

罪人和被救贖的人

所有人都犯了罪

在依納爵的時代，軍人在征戰之前，很容易會以天主的名發誓要如何如何，然而他們事實上做的都是傷害人、殺人的事。他從自己的經驗中確認所有的人都犯了罪，這個體驗表現在〈降生奧蹟〉的默觀上。在這個默觀的前導（神操106－108）中提到，天主看到眾人都走向地獄，地上的人隨意發誓和說褻瀆的話（犯罪）。他體會到，如果沒有救援，人就是一直處在罪惡的狀態中。

依納爵對人類的罪的體驗，確實是從他的時代背景中體驗而來的，然而他在《神操》中的安排，在第一個操練中並不提自己的罪，而是先看天使的罪，再看亞當、厄娃的罪，一步步引領人，在看到其他人的罪之後，反省自己是不是也同樣的犯了罪。人因為犯罪，破壞了天主的肖像，然後再創造一個自己比較能接受的樣子來欺騙自己。

依納爵在《自述小傳》中提到，他多麼需要反省、改變自己，為自己的罪做補贖。他體會到自己是罪人，身邊的人也都是如此。然而面對罪惡，絕不是件容易的事。依納爵直到三十歲都還沒有面對自己的罪，他是在受傷回家養病時，才反省到自己多麼需要悔改。人需要很長的時間，甚至在面臨生命危險時，才可能面對自己的罪。

罪人保證被愛

人需要破壞自己所創造出來的自我偶像，為了能接受天主給我的樣子，接受天主願意我成為的樣子，接受天主手中的我。人不應該用自己的力量賺得天主的愛，人應該單純的接受天主的愛。基督是天主最完美的肖像，我們在基督內分享天主的肖像。同時，依納爵在基督身上非常清楚的看見罪的力量，就是死亡。人的罪讓基督死亡，然而天主使祂復活，重新得到生命。依納爵讓人面對自己的罪的方法是讓他面對苦像，因為基督為我們的罪而死，我們在十字架上會看到天主對罪人有一個愛的保證。除非肯定自己被愛、被寬恕，否則人無法面對罪。因此人與自己正確的關係就是：承認自己是一個被救贖的人。

新的生活、新的關係

我們都是被寬恕的罪人：同時是罪人，但又是被寬恕了的。我知道我是被十字架上的基督所救贖的。依納爵在《神操》中用了幾個對比來表達心中的驚訝，他要我們面對十字架上的基督：試想基督竟然以無限的天主子身分降生成為有限的人，卻又以永生的生命接受人的生命的限度，接受死亡。我這身犯多罪的人，本該由天使執行我的死刑，但天使卻放了我，天主所創造的動物、植物都朝拜事奉天主的，本該放棄我這罪人，卻仍養育著我的生命。（參考《神操》第60號）

人意識到自己的罪，驚訝天主仍愛我，因而心生感恩，感謝天主對我的愛，面對未來，便開始有一個新的生活，因此會在基督面前說出：「**我為基督做了什麼？現在為基督做什麼？將來為基督應該做什麼？**」（神操53）。這個新的關係讓人比較正確的看待自己所想像的自我圖像，因此他對自己的看法也比較不會變成自己的偶像，太執著的想要完成心目中的自己。

悔改之後，重要的是……

依納爵悔改之初，非常熱心，守齋克苦，做一切的善工，以自己的方式表達願為天主做很大的事。看起來對天主非常慷慨，熱心奉獻，但卻是按自己的意思。依納爵在茫萊撒有一段辛苦的過程，最後才發現，**重要的不是自己要做什麼，重要的**

是天主要他做什麼。依納爵接受了自己，改變了他想成聖的心意，轉而承認並接受天主的愛：發展成天主要他成為的樣子。保祿也一樣，他在皈依之前認為自己是一個不需要悔改的人。他對天主也是非常熱心，但卻是在尋求自己的成全。天主不得不點醒他。

被天主召叫的人

人的本質是對話

與天主對話是人的本性因素。在創造的敘述中，天主「說」，一切東西就都出現了。而後，天主說：「人」，於是有了人。人的存在，是天主因著祂的「話」將人從無中取出來。所以，人是對話，是在創造開始時的對話。

和天主的對話中存在著一個弔詭：我們和一位不會說話的那位來往。不過，雖然祂不會說話，但祂「是」那位，我們可以和祂來往——是人對人的，不是話對話的來往。即便在聖嬰降生時，我們在還不會說話的聖嬰面前，我們仍可和祂對話，因為重要的是，祂是天主子，此時，說什麼便不重要了。而後我們在面對基督的童年史時，強調的是內在的認識，為了更愛祂，更緊密的跟隨祂。

《神操》中的對話

在《神操》中，對話是對召叫的答覆。依納爵在所有操練的最後，都是以對禱結束的。有祈禱而沒有對話，對依納爵而言是不可思議的。整個《神操》持續在回答：「我該為基督做什麼？」然而，對話的重點不在於說了什麼，重點是和「誰」談話；不在乎討論什麼計畫，在乎的是彼此誠懇的對談。在默觀〈耶穌君王的號召〉時，在我們說要為基督做什麼之前，先要確認我跟著「誰」一起做？如何做？《神操》帶領我們做這個默想時，充滿了「和我一樣」、「同我一起」這樣的說法：「**誰願跟我來，吃喝穿戴，都和我一樣……；同我一起勞苦工作……**」（神操93、95）。這是一個個別的召叫，也是每一個人自己要答覆的。

要區辨和誰對話

在生活中，我們不只是聽天主和基督說話，同時也會收到許多不同的訊息，就像無線電波在接收時會有許多種干擾一樣。我們需要分清楚，哪些訊息和基督的是不一樣，是反對基督的。透過經常的往來，我們也許不能非常肯定基督話語的每個字是什麼，但是我們從基督平常的作風中可以有一個區辨的準則，那就是我們說的分辨神類。

如果從某件事中我們聽到貧窮，聽到謙遜，聽到凌辱，我們知道這是從基督來的。而如果我們聽到的是錢，是關乎地位，是權力或控制力的，那便不是從基督來的。雖然不是清楚的聽到一個個的字，但是我們馬上知道了，因為我們平常和基督有來往，我們容易認出來。所以，平常和基督的來往是重要的，那使我們有能力區辨哪些話要默存於心，哪些話應該丟棄不予理會。我們在《神操》的〈兩旗默想〉中會知道這兩種不同的對話內容，使我們更能區辨我們在和誰對話。

愛的對話

和基督的對話是一個愛的對話，會從行動中表達出來。我們對基督有豐富的感情，然而感情不是只保留在心中。祈禱者在《神操》第一個操練完成時就問基督：「我能為基督做什麼？」這是用行為表達心中的愛。對話也是被領導，是「讓」基督帶著我。**愛的對話是分享我所有的一切**；我們給出一切，而不是要求有所得。我們知道我們的智慧、生命全是由天主來的，**所以我們的「給」表現在接受天主，讓天主領導我，給天主一個機會，讓祂給我們。我們給出一切，是因為接受一切來自天主；我們接受了天主，是因為給出了自己，讓天主做主。**

依納爵在《神操》完成時，體會到天主給了我們祂的全部，我們自然也將自己完全奉上，說：「主，請祢收納我的全部自由、我的記憶、我的理智，和我的整個意志。凡我所有，或所佔有，都是祢所賞賜的；我願完全奉還給祢，任憑祢隨意安排。只將祢的聖愛，和祢的聖寵，賞賜給我，我便心滿意足，別無所求了。」

這就是依納爵所說的「人」。

第三章　我們所生活的世界

我們生活在一個什麼樣的世界？依納爵對受造物的看法如何影響他的靈修？雖然最重要的受造物是人，然而在這裡我們要談的是其他的受造物，就是世界。世界的範圍很廣，我們要談的是和人有關的層面。

世界的意義

我們從《若望福音》的觀點來看，世界有三個意思：

⑴中立的，指耶穌所到的地方（十六章28節）、離開的地方（十三章1節）、門徒所在的地方（十七章15節）。《若望福音》中常將「離開世界」和「回到父」做對比，使我們知道世界是被創造的，父是創造者。

⑵積極的意義，指父所愛的對象（三章16節）；反應受造的意義，如：世界是

天主所造的，是很好的成果。

(3)消極的意義，指反對耶穌的世界（十四章30節），它憎恨門徒如同憎恨耶穌一樣（十六章18節）。我們在生活中也感覺到這些層次的意義，依納爵在《神操》中也體驗到這些世界的特點。

總是新的創造

依納爵在《神操》中表明世界是天主創造的，是美好的。為了讓人不要孤獨的活在世界上，我們可以在受造物中看見天主的美善（依納爵在《神操》的開始和結束時，都有這樣的表示）。世界上的一切都是為人而造的，為幫助他追求他之所以受造的目的（神操23）。因此不要害怕使用天主創造的東西，雖然該衡量要使用多少、如何使用等等，而達到這樣的平衡就是神操的目的，和以後要繼續的生活。

我們的世界觀能是、也該是更積極的。天主在所有的東西上，不只有祂臨在的痕跡，而且是讓我們看到祂的臨在。世界就是天主自我給予的方法，而且是一個繼續不斷的給予。因此，世界不是一個用過的禮品，而是一個總是新的禮物。這是因為天主在世界，是不停在工作的一位，使世界繼續不斷的推陳出新；天主給我們的是一個剛剛做好的世界，就像剛烤出爐的麵包。

天主不只是在人之外工作，人自己也是天主在受造物中繼續不斷工作的效果。因此，我這個人有什麼好的一切，都是這個時刻天主正不停地給我的。

協助人走向天主

另一方面，我們來看看人與世界的關係。依納爵在《自述小傳》中說，他在家中養病時，最喜歡在晚上祈禱，「他最大的快樂是仰觀天象和星辰。他頻頻觀賞，而且時間很長；因為他感覺藉此對事奉吾主引起很大的興奮。」（自述小傳11）。天主所造的「世界」在人們走向天主的朝聖路程中，一直是一個協助的力量。

依納爵在領悟對天主該有一個「愛的謙遜」的態度時，同時也領悟到，面對世界也該用同樣的態度。意思是對天主所造的一切，在愛中感到尊敬。這個思想可以幫助我們在一切事物中找到天主。《心靈日記》於三月卅日提到：「我想謙遜、尊敬及恭敬不應該令人感到害怕，而是使人充滿愛，我堅信不疑，滿懷信心的向天主說：『請賜我含有愛的謙遜、尊敬及恭敬。』……要把愛的謙遜擴展到所有受造物身上。」（心靈日記14）。

在一切事物上愛天主

從環保的概念來看，我們愛護地球，不是因為害怕地球資源枯竭，害怕暖化使我們無法生存，而是因為天主創造了它，在它內繼續存在，使之生長，為了表現出對我們的愛。《創世紀》第二章表達天主將人放在樂園中，除了快樂生活之外，並賦予人看守樂園的任務。這樣，我們會管理及愛護世界，而不是利用它。

依納爵將人與事物的關係以一個格式表達出來：「在一切事物上愛祂和在祂內愛一切事物，按祂至聖而神性的旨意[12]」。我還記得一個更有深度和更有力的說法是：「看一切事物像沐浴著基督的聖血。」這樣的說法很生動的反應著保祿的一句話：「一切受造物等待救贖」（參閱《羅馬人書》八章19－21節）。

12. 這是依納爵的思想，常常流露在他的書信與文字中。

虛榮而遠離天主的世界

依納爵在《自述小傳》中表示，他受傷之前侍奉的是一個虛榮的世界，連他在養病期間，也仍然在尋找世俗的光榮。他因為戰役受傷，小腿上的骨頭隆起，為了能再穿上好看的馬靴，不惜再動一次骨科手術，將隆起的部分鋸掉一些，再將原先短一點的腿拉直，那是非常痛苦、也是非常危險的手術。但為了恢復往日的瀟灑風采，他有什麼不願意的呢？

在復原期間，日子難捱，他看小說，也會幻想，內容常是追求當時社會一般認同的官爵與愛情。依納爵在自傳中記錄自己在養病期間仍受世俗虛榮的吸引，而且深陷其中。這一切不是為了追求健康，而是追求世界的虛榮。

基於自身的深刻體驗，依納爵日後在會士們申請進入耶穌會時，會以耶穌會《會憲》中的一個精神來考核他們，看看他們是否真的願意過這樣的生活：

為了讓會士們了解，靈修方面的進步多麼幫助人完全放棄和憎惡世界，用全力接受並渴望我們的主基督所接受和擁抱的，如同世俗的人跟隨世俗的愛和盡量尋求的各種光榮、名譽、被看重、在世上有地位等等，如同世界叫他們做的。真正的跟隨基督，我們的主，我們要用全力渴望那相反的，也就是說只要不致引人犯罪或招惹至尊天主不悅，甘願受輕慢、凌辱，或被稱為瘋子，為能多多效法基督。（《會憲》101號，作者自譯）

《會憲》中這樣的表達是相當嚴正的，很是令人震驚，因為依納爵認識這個罪的世界，他要求會士能以正確的態度面對世界。

保持中立的心態

世界是美好的，天主在其中繼續創造，但在罪的影響下，世俗中有許多事物會吸引人離開天主。依納爵在〈原則與基礎〉中說明了世界上的一切都是為人而造的，為幫助他追求自己受造的目的，但仍強調人在面對受造物時，要努力維持中立的態度。**人能維持中立的態度不是一個已定的事實，而是一個奮鬥的結果**，為了能控制這些東西對我們的吸引力，好能正確的應用它。

假如沒有中立的態度，就容易追隨世俗而受罪惡的控制。依納爵在《神操》第一週的第二個操練（神操60）中，要奉行神操者默想自己的罪。當人看到自己的罪過時，會驚訝痛苦的發現，天主竟讓一切受造物容忍我，讓我存活至今，本來一切受造物都該站在天主這邊，成為天主的火劍，把我消滅，因為我沒有好好的善用它們，卻將受造物壓制在人的罪惡之下；然而在天主的仁慈下，還是允許我活下去，讓他們維繫我的生命。

天主藉著耶穌救贖世界

《神操》第二週進行〈降生奧蹟〉的默觀時，依納爵要人設想天主三位看見眾人都走向地獄，便從永遠決定了天主第二位降生成人，為拯救人類（神操102）。只有人是被救援的對象，人是目的，其他的東西都是幫助的方法，為了幫助人達到他受造的目的，救援和救贖只給了人。

其他的受造物如同保祿在《羅馬書》第八章發揮的道理：整個的受造物在等待救贖，不是因為它們犯了什麼罪，而是它們被壓制在人的罪惡之下，被迫要侍奉罪人，但它們之受造本來是為了協助人侍奉讚美天主的。若不是因為藉著人，它們也可以得到救援，否則它們早就成為天主的刀劍，將人類從地面剷除。

人類得到救援，是《神操》中重要的主題，因為跟隨耶穌就是為了這個。在默觀〈耶穌君王的號召〉的祈禱中，清楚的表達出耶穌的旨意是克服敵人；**耶穌唯一的敵人是罪，人不是敵人，人內在的罪才是耶穌的敵人**。人承認天主為主，才會正確的善用所有的受造物，它們才會達到原來受造的目的，幫助人得救。《神操》中的精神就是這樣：跟隨耶穌，所有的人脫離罪，受造物藉著人也一同得到救贖。

基督臨在於世界中

罪分裂了世界

〈感恩經〉[13]第四式中說：「聖父，我們頌揚祢，因為祢是偉大的，以大智大仁創造了萬物，按照祢的肖像造生了人類，使人管理世界，統馭萬物，只事奉祢，萬有的創造者」。所以天主給了我們一個美好的世界，但是罪惡帶來的分裂，破壞

13. 感恩經是向天父感謝及讚美的經文，是彌撒經文中的核心段落，有十多種表達方式，可按當時的彌撒意向選擇合適的經文內容。

了原來的平衡。《聖經》在表達天主創造天地時，用的是「分開」，但是「罪」使這個分開變成了「分裂」。《創世紀》中記載，天主問亞當：「你做了什麼？」亞當就怪罪女人，這是人與人分裂。天主問女人，女人怪罪蛇，這是人與大自然分裂。既然有這麼多的分裂，世界怎麼還能存在著，難道這樣的分裂不會領人走到死亡嗎？是有什麼力量在維繫著嗎？《聖經》表達了這樣的力量是來自耶穌。

基督使世界恢復合一

《瑪竇福音》中當耶穌與門徒們告別時，祂對他們說：「我同你們天天在一起，直到世界的終結」（廿八章20節），祂是使世界合一的那一位：「他是不可見的天主的肖像，是一切受造物的首生者，因為在天上和在地上的一切，可見的與不可見的，或是上座者，或是宰制者，或是率領者，或是掌權者，都是在他內受造的：一切都是藉著他，並且是為了他而受造的。他在萬有之先就有，萬有都賴他而存在」。（《哥羅森書》一章15－17節）意思是，基督是一個結合世界的力量，就是因為這個緣故，世界（人的世界）還存在。

聖體聖事：天主在人間

依納爵在茫萊撒的體驗

依納爵在《自述小傳》中談到他對天主聖三的體驗，第一個是在神魂超拔中看見聖三有如和弦的三個琴鍵。另外的一個體驗是關於創造：天主有如一個很大的光，在光中天主繼續祂的創造工程。第三個是基督在聖體聖事中的臨在：「**有一天他在村中的修院聖堂裡參加彌撒，剛領了吾主耶穌基督的聖體，他以靈性的眼睛看見白色光芒由天而降；他在明悟中清楚看見吾主耶穌基督怎樣在至聖聖事內**」。（自述小傳29－30）經過這些體驗後，他對聖體聖事非常恭敬。

依納爵在晉鐸之後，經過一年半的時間，才做第一台彌撒（有人說他是因為渴望在聖地首祭，所以才等這麼久）。當時依納爵想去聖地，但情況不允許。後來到了羅馬，特意到聖瑪利亞大殿中的馬槽小堂，在那兒舉行第一次的聖祭（那聖堂內安放著聖母在白冷放置小耶穌的那個馬槽），因為他覺得那裡很像白冷城的小山洞。當時，他已確信羅馬是他的「聖地」。我們由此了解依納爵的心情：他多麼願意他的首祭是靠近耶穌臨在過的地方。他渴望在舉行彌撒時，能夠在身體上和心靈上都與耶穌合一。依納爵不停的求聖母將他和她的兒子放在一起。因此，在依納爵的生活中，感恩祭就成了他一天生活的中心。

尊敬聖體是特點

我們從他的《心靈日記》看得很清楚，在他每天的記錄中，有時不說什麼，只記錄他做了什麼彌撒，有時說他在感恩祭中有沒有受到感動、流淚……等。他有時在彌撒前祈禱一個小時，彌撒後又祈禱一個小時，感謝聖體。如果他要分辨什麼事情，他會特別奉獻彌撒。依納爵在向教宗提出成立耶穌會的申請時，曾要求同伴一起獻上三千台彌撒。當時修會只有十位神父，每天一台彌撒也要進行一年左右。依納爵對聖體的看重，如此可見一斑。如果有什麼力量可以改變世界，那大概就是聖體了。對聖體的尊敬是依納爵靈修的一個特點。基督生活團團員也要注意這個特恩，盡量參加平日彌撒，或至少朝拜聖體。

聖體總合眾人善的力量

依納爵對聖體的看重，可從兩方面來了解，一方面是他曾在領聖體時看到白色的光芒自天而降，那是來自天主的神性的力量，另外一面是地上的力量。聖體是由祝聖一塊無酵餅而來，我們在聖祭禮儀中唸道：「**我們將大地和人類勞苦的果實，麥麵餅，呈獻給祢**」。種子種到地裡吸收養分，長大到可以做麵包的地步，是結合了許多人的勞苦成果。人們準備土地，撒種、耕田、拔草、收割、去除糠皮、磨粉，製成麵包。聖體既有天主的力量（來自天），又有土地與人類的努力成果（來自地），藉著這個麵包，現在變成天主在地上臨在的標記。「一切都是在祂內存在」，這句聖保祿的說法，對我們來說，就是「那－成－為－基－督－身－體－的－那－塊－麵－包」。基督聖體是就是天主對我們的擔保又是存在的事實。

耶穌聖心：讓所有肢體合一

教會對耶穌聖心的敬禮是在依納爵後一百年才開始的。依納爵從來沒有用過

「聖心」這個字。每一次依納爵提到要用三個對禱來結束祈禱時，其中〈對禱二〉是向聖子耶穌作祈禱，唸〈向耶穌聖靈誦〉：**基督的靈魂聖化我、基督的身體拯救我、基督的聖血陶醉我……**。依納爵很認真的看重耶穌的人性。

對耶穌聖心的敬禮從開始就與聖體有密切的關係。我們在耶穌聖體看到耶穌在地上臨在的記號，而在這樣的身體中，我們可以注意到那讓所有的肢體活著而合一的關鍵——聖心。

聖女瑪加利大在朝拜聖體時見到耶穌聖心，耶穌願意擴展世人對聖心的敬禮，於是她向神師高隆卞神父表明這個意思，他是一位耶穌會士[14]。天主選定耶穌會士傳揚聖心的敬禮是很合適的，因為依納爵靈修對聖體內的聖心原就有特別的敬重，因此若說依納爵靈修有很強的聖體的味道，無需驚訝。

既然我們相信耶穌是宇宙的頭，而一切是藉著祂而結合，我們一定會在宇宙中聽見祂聖心的心跳聲。

14. 聖女瑪加利大（St. Margaret Mary Alacoque，1647–1690），往見會修女，耶穌曾在 1673–1675 年間顯現給她十八次之多，要她做耶穌聖心的使徒，傳揚耶穌聖心的愛情。聖女的神視得到耶穌會士高隆卞神父（Fr. Claude de la Colombiere）的肯定，隨後並協助聖女傳揚耶穌聖心，於 1992 年被列入聖品。

總結

前面這三章關於靈修的主題，是我參考了〈作者序〉中提到的那本書所做的發揮。我們現在做幾個綜合。

天主父、子、聖神是一個愛的關係。

這三位一體彼此之間的愛，向外創造了世界。

天主子耶穌基督真正臨在聖體中，將整個人類帶回創造者。

在這個回家的過程中，經過的路程充滿艱難，福音中的基督陪伴著每一位跟隨祂的人。

最後，要提醒的是，靈修不只是描寫與講述，同時是為了實踐。首先是實行依納爵《神操》中的幾個操練，接著是這些操練會領導我們的生活與使命。

第四章　依納爵式的靈修操練

任何靈修不是一套談論天主、人和世界的思想，也不是只看這些事實。靈修應該實行，應該將它生活出來。只有在實行的時候才能知道，這套想法是一套沒有價值的理論結構，或是一條邁向天主的道路。既然我們談論依納爵靈修，而它所依靠的是一個稱為「神操」的經驗，那麼這個靈修看重實習（操練），便是理所當然的了。

著重鍛鍊的靈修方式

《神操》是由以下的一句話開始的：「神操這個名詞，是指任何省察、默想、默觀、口禱、心禱，以及下面要說的其他靈修神工」（神操1），「是為戰勝自己，整理自己的生活，使人不致因任何不正的心情，而決定自己的生活。」（神操21）。

後面我會用體操的表達來說明，為何要將這些靈修神工稱為「神操」，由此可知我們要談的不是理論，而是鍛鍊。

我曾經寫過一篇關於神操的文章⑮，其中發揮了我的老師朱修德神父的一些看法。他認為，神操的重點在於**培養一個中立的態度，以便做選擇，而後在生活中執行所做的選擇**，因此做神操是為了「**準備整理靈魂，驅除邪情，好能認清天主的聖意**」（神操1）。當我們提到「認清天主的聖意」時，我們都認為這是很不容易的事，原因可能出在我們預設的樣本不太對勁。我們會以為天主已經對我的一生預先安排好一個完好的樣子，而我的任務是找到這個藍圖，以便照稿執行。但是我們從依納爵的眾多書信中，看到他在書信的尾端都寫道：「求天主讓我們體驗到祂對我們的旨意，並且忠實的實行它」。因此**重要的不是知道，而是體驗**。

如何找到天主的旨意？

天主的旨意應該是內在化的，不是在一個客觀的制度下外加給我的。我們不必在我之外尋找天主的旨意。天主在我內發聲，我與天主產生共鳴；祂在我內，這是

15. 此文收錄於基督生活團的出版品《朋友間》182 號。

唯一能找到祂的地方。我尋求的是天主此時此地對我的旨意，假如祂不在我內，假如我不被祂愛，那麼即使意識到天主的旨意，我也會沒什麼感動，或者感覺無能為力。只有當我體驗到，我做了我所想的事，而天主會高興，而且我感到自己好像在祂面前站立得住的時候，這樣我才是找到了天主的旨意。

我們選擇的範圍是有限度的，如果用一張A4的紙張來比方，A4紙內的是可以選的各種可能，而這張A4紙的邊緣（界線）就是天主對我們行為的規範，例如十誡。在規範內的都可以執行，例如選擇結婚與否，做什麼行業……等等。另一個比方是，就像我們為了寫字工整而墊在白紙下面的格子墊板，那張有格線的墊板就像是耶穌的言行。我們不太可能和耶穌做一樣的事，因為時代不一樣，情況也大不相同。我們只能體會耶穌的心境，體驗到如果我這樣做，天主是否高興。問題是我們應該如何將這格子墊板（耶穌的言行）應用在生活中？尤其是我們的善念，常常會受到與之相反的意念的推動，因此，我們需要鍛鍊自己，以反對這些引誘我們遠離善願的意念，以便能碰觸到天主，而在這樣的碰觸中能體驗到祂的旨意。

什麼是操練？

在一般生活中，我們對體操的理解是：在一定的時間和地點練習他人教導我們的一些動作。可以在田徑場上，也可以在教室裡，或是在聖堂中，反正就是需要「練」。

操練是一個在時間、空間內進行的行為，特指一個行動。第一個步驟是有人提供了操練的內容，例如一個食譜、腳踏車組合手冊等等。第二個步驟是執行。如果我們只買了材料並附了操作手冊，但是並沒有按手冊操作執行，那並不算完成任務。第三步是回頭看一看，做確認、再檢查、反省一下，可能做些修改。有些操作手冊中會回答我們如何更正一些常犯的錯誤。這些回頭修正的細節很重要，可以改正錯誤，以後再犯的機率會比較小。最後，為了真正做得好，需要常常重覆練習，以致熟練到穩定的程度。

依納爵神操[16]

按照一般操練的概念，我們可以將它應用在靈修上。在這裡我們要看的就是依納爵的神操，我按照上面提到的操練的四個步驟加以說明。

內容

現在我們講神操時，常指的是操練的方法，比較少講到內容。《神操》〈凡例〉2提到：「講授默想或默觀方式和次序的人，應忠實地敘述默想或默觀的史實，只簡短大概分析說明一下便夠了。因為從事默觀的人，既然取得了歷史正確基礎，便可自己去思考推論；這樣由自己的思考，或因理智受天主的光照，比講授的人多所發揮，更有趣味，更有益處；**因為不是知道得多，而是內心的玩味品嘗更能使人滿意。**」例如，《神操》從262號到312號都是耶穌的奧蹟，都只提供綱要而已，內容則要操練者自己品嚐玩味。

16. 關於神操的詳細介紹，讀者可參考本書第63頁。

執行

做神操不是聽一些靈修演講，不是尋求知識的增加，這點在《神操》書中已經明顯的說明了。對基督生活團的團員而言，這也許不是新的概念，但在基督生活團之外，可能是很新的概念，也是很不容易執行的。例如在堂區將臨期和四旬期的避靜中，一般人大多只是聽聽演講，並沒有安排操練祈禱的時間，因此基督生活團的團員也會受到這個影響。比方，許多次我去祈禱時，只是被動地等待祈禱時間的滿全。其實我們應該練習，或是主動的默想默觀、聆聽，或是被動的受天主影響，但至少不是等待讓時間過去。

回頭查看

不一定我們每一次做神操（三天以上的避靜，或是日常生活神操）時，我們都會注意到「回顧」這件事。《神操》第77號說：「操練完畢後，用一刻鐘的工夫，或坐或走，考察我怎樣作了這次默想或默觀。假如作得不好，查考不好的原因；查得之後，便發痛悔，定志以後改善。如果作得好，便感謝天主，定志下次照樣去做。」這是一個非常關鍵的步驟，在此考察中，我體驗到在我內有怎樣的力量。例如分心，想想這是為了什麼事呢？在什麼時刻？那時我在想什麼？是因為不敢面對嗎？為什麼分心？是什麼力量影響到我？或者今天時間過得非常快，很投入……。這些記錄都是給靈修陪伴者做分辨時的材料與記號。

見神師[17]時不是要告訴他我做了什麼，而是要說明在祈禱的省察中，我學到什麼？過程中發生了什麼？我們依靠經驗，練習區分哪些是從天主而來，哪些又是惡神的影響。又例如，祈禱第一、二、三、四天都好，但第五天就不好，為什麼？是不是第五天正要面對什麼抉擇？以上所提的都是回顧時需要仔細考察的，記錄下來，見神師時要談的就是這些。在這方面學到的愈多，愈會幫助我們善度分辨神類的生活。

重覆的練習

最後一個步驟提到重覆練習。以下列舉幾個《神操》中提到的例子。

《神操》第62號提到第三次操練：複習。第三次操練是第一和第二次操練的複

17. 關於神師的意義，見本章第107頁。

習，並做三個對禱。這是《神操》第一週第一天的複習。

第二週第一日中的第三次默觀：複習（神操118），是第一和第二次操練的複習。在〈兩旗默想〉中，《神操》第148號說：「**這次操練在半夜舉行，早上重行一次，彌撒前後複習一次，晚禱時再複習一次**」。所以一共有兩次操練、兩次複習。這裡所說的「重行」和「複習」不同。重行是再做一次，複習是按你已做過的，回頭看看你比較感動或比較困難的地方。依納爵好像也將這樣的安排用在默觀〈基督的奧蹟〉時的操練，在第二週從第五天以後一直到本週結束（神操158－164）。這些基督的奧蹟多達十四個，被列在《神操》的附錄中（273－286）。

由此可以看出，複習是很重要的事。順帶要提的是，回頭針對某些疏漏的地方再做一次也是很重要的。這有點像是採摘葡萄。第一次摘取，以為都摘到了，再次檢查，就發現剛才和他人聊天時轉了一下頭，所以沒看到另一面還有一串沒摘到。第三次再檢查時，又發現在一片較大的葉子後面有一串很美很大的果實，突然發現了，再摘下來。這些都屬於複習的範圍，為了不要遺漏任何一點。

此外也要特別注意依納爵所說的撮要複習（神操64），這是另一種操練型式，也就是注意到那些在複習時找到的新的體驗，因此在複習之後做。

完整的神操經驗

以三十天完成

在《神操》的〈凡例〉4中說，整體操練差不多在三十天左右完成。依納爵自己也提醒，整體分為四單元。每一個單元是一週左右，但仍要依個人情況的不同而改變。神操本來是為了做基本生活方式的選擇，無論如何應是為了決定生活中很重要的一件事情。所以，連已經做了不可改變的選擇，也還可以在可以改變的地方中做一些修正。

沒有做過神操的人，在聽到《神操》所包括的資料時，可能會有一些害怕，因為有很多凡例、附規、規則、注意等等。這些資料的目的不是壓迫誰，而是幫助人達到我們在文章一開始時所說的目的：進入一個中立的狀況。因此，對於這些資料的態度是，應用依納爵在《神操》開始的〈原則與基礎〉中所給的提示：能幫助多少就取用多少。另一方面，假如沒有什麼特別的理由，而完全不管這些《神操》中列出的規則，那是一種自命不凡的態度。我想，陪伴者的重要工作，是讓做神操的人了解這些規矩的理由和應用，愈能讓他們了解愈好。

適應現代生活的兩種神操應用

確實奉行三十天神操的操練者，對《神操》會有豐富的體驗，用任何另外的方法做神操，多多少少會失去一部分的整體性。但是現在，很少人能有這樣的機會做連續三十天的操練，無論是因為時間或是經濟的原故。因此，應該有另外一些足以保留神操整體性，又可以讓更多人嘗試的操練方法。

其中一個可能性是連續幾年做八天避靜。這可以避免時間的問題，雖然經濟的問題仍在，但是沒那麼大，因為可以分期付款解決費用問題⑱。這樣在四年之內，可以完成整個神操的經驗。這個模式的缺點是時間拉太長了。

另外一個比較折衷的模式，就是做日常生活神操。這個模式是按照依納爵在〈凡例〉18所提的可能性（我個人認為現在的日常生活神操遠超過依納爵所寫的文字意義）。以這個模式，每天用一個半鐘頭做操練（祈禱）、祈禱的省察和當天的省察。這樣的方法會失去一些避靜的強度，可是，另一方面會比較實在，因為練習和實行是在同樣的時間中，就是在每個人的生活中。無論如何，日常生活神操比分成幾年做八天避靜更為緊湊。

18. 祈禱者通常是離開家到避靜中心過幾天專務祈禱的生活，這其中會產生住宿費用以及答謝帶領避靜神師的神師費。

「做選擇」以外的附帶效果

神操的第一個目的是準備人做基本生活方式的選擇，但是也有其他的應用，就是為了一些比較重要（雖然沒有那麼基本）的選擇。

另一個效果是練習祈禱、學習和習慣祈禱，這是一個常常能得到的效果，無論人是否需要做選擇，或是他有沒有真正進入到神操的過程中。無論如何，有了神操中分辨神類的練習經驗，人可以培養出在日常生活中以分辨的態度過生活。

從一開始我們就看到，神操就是各種省察、默想、默觀的方法。這是在神操結束後應該繼續使用的祈禱方法。這樣我們才能繼續生活在一個分辨神類的氛圍內，好讓我們在每一件事上找到天主，並幫助我們繼續不停的體驗和實行天主的旨意。

神師：依納爵靈修的特點

奉行神操者不能單單買了《神操》手冊後，自行找一個山洞，自己進行。至少第一次不行。奉行神操時應該有一位靈修陪伴者，陪伴者按你的操練情形，給你下一次操練的材料。他就像是一面鏡子，將你的情形反饋給你。我們常常在講述自己的操練過程時，會對自己的情形有所領悟，這樣問題可能也解決了一大半。所以要記錄自己祈禱時發生的狀況，並向陪伴者說出來。這種靈修陪伴的情形在神操結束後繼續的話，靈修陪伴者就成了個人的神師。在面對重要事情時，為避免個人受到自身盲點的影響，請教神師會是比較恰當的。

在教會有一個相當普遍的傳統，就是在舉行和好聖事時，神職人員執行了這樣的功能。但這樣的形式有其缺點，第一是環境方面，這兩種對話方式很不一樣，使用的空間和彼此的姿勢不同。第二，在和好聖事中進行神修指導的時間比較有限。需要注意的是，兩次和好聖事中間隔的時間可以用來進行靈修輔導，可是不應該影響到和好聖事的頻率。

神師的角色也許不是依納爵所創，但是神師確實是依納爵靈修的一個特點，這是依納爵在芒萊撒時就已經開始用來幫助人靈的一個方法。

專欄三
祈禱是什麼？

一、語言的問題

我們怎麼翻譯外文的 prayer，oration[19] 呢？

——天主教常用「祈禱」；

——新教用「禱告」；

——佛教用「頌經」；

——禪宗用「禪定」。

二、祈禱前的假定

(1) 祈禱是個人的事，還是兩位（人與祈禱對象）的事？

19. 此字源於拉丁字 oratio，原是「演說」的意思，後來在教會中也用此字表達人向天主說話，有如口禱一般，漸漸地也就有「祈禱」的意思了。

(2) 做這個練習的人面對誰呢？

・面對一位超越、有位格和內在的存有。

・面對自己——一個同時是超越和內在的存有。

(3) 這樣的看法所引起的態度：

・一個位格性的對話（這是一種類比，因為對話的兩位並不同等）。

・一個反思的態度、面對自己。

(4) 以上包括的行動：

・將自己向另一位開放，雖然有時是沒有話語的對話。

・想辦法進入到一個肉體和精神的狀況，幫助我面對生活：找到平安、安靜、平衡……等。（在某些佛教宗派，也許能有和某位菩薩對話，但我不知道這有什麼效果或特點，無論如何，我們所要描寫的基督宗教的特點，一定不會在佛教的頌經中出現。）

三、基督徒的祈禱的結構

(1) 一種對話的狀態

・以創造為泉源：人因天主創造的「話語」而存在，存在是一個對天主的答覆。祈禱就是一個「更濃的體驗這個繼續不斷的對話」的時刻。

・在不平等的關係中實現：人在天主面前總是一個依靠的狀況，因此，用「對話」來說其實是一個對比，這個對話的重要因素不是祈禱者，而是天主。

・表達人的需求：人從天主接受一切，所以人向天主祈求生命所需要的一切，這非常符合人的本質。在這樣的狀況中，祈禱並不貶低，反而補充人的尊嚴。

(2) 從聖三的立場而來的對話

基督徒的祈禱是藉著聖子，在聖神內向著天父祈禱，這三個幅度每次都會有，只是「多或少」的差別。

・天主父：充滿愛的父，是人存在的來源和目標，因此，也是祈禱的泉源和目的。

・天主子的中保性，在降生成人中表現及完成：耶穌這人和他最高峰的時刻和奧祕（十字架）。

・聖神的行動：生命和祈禱的推動力。

(3) 無言的對話嗎？

・祈禱的特點是臨在。意識到在「某一位」的面前比話語更重要。

四、為什麼和為了什麼祈禱？

身為一個活在關係中的人，具有理性又具有超越性，人為了完全實現自己，因此，人祈禱並應該祈禱。這樣的舉動明顯表達了前面所提到的各個層面。

人祈禱且應該祈禱，因為他是一個有限而不依靠自己的存有。所有的祈禱，不只是祈求的祈禱，都承認這個事實。

五、基督徒祈禱的種類[20]

(1) 朝拜：**受造物**面對創造者的答覆。

(2) 稱頌：**有理性**的**受造物**的答覆（意識到並承認自己是受造的）。

(3) 讚美：**有理性**的**受造物**的**對話式**的答覆（用言語表現我們承認自己是受造物）。

(4) 光榮：**有理性**的**受造物**的**精神性**（靈性）的對話答覆（這個加深讚美與承認自己是受造物的表達）。

(5) 感謝：**謝恩**的受造物（包括前面所有的層面）的答覆，用理性、用對話、用靈性。

20. 我們在每週日彌撒中唸的＜光榮頌＞經文，就是用了前五種祈禱來表達我們與天主的關係。

(6)祈求：**一個有所缺乏的受造物**的答覆（無論是在身體或是靈魂的層面。在精神上需要被寬恕、認罪、痛悔等；在身體方面，與我們生活的各種需要有關）。

六、基督徒祈禱的形式

(1)口禱：唸經

(2)心禱：

・直接的：教會傳統所說的默觀

・以某種經文為中介：※默想

※想像力（依納爵式默觀）

※頌讀、讀經（Lectio Divina）

七、按照依納爵靈修，祈禱應有的準備

(1)意識到我在天主面前。

(2)以整個的人（包括身體）朝拜。

(3)預備經：懇求天主，賞我聖寵，使我的一切意向和行為，都為事奉讚美至尊無對的天主。

八、常有的疑問：我們為什麼沒有得到所祈求的？

真的是如此嗎？首先，我們應該了解目的和方法的差別。我們所祈求的常常是一些方法，為了達到我們的目的：幸福。然而，為了確信我們沒有得到所祈求的，我們常常先認定我們沒有得到幸福，所以陷入一個長期而沒有救援的不幸之中（但其實不是的）。

我們應該了解人的目的，不是為了得到一個立刻的小確幸，或是連續的小幸福，而是真正的大幸福，就是完全實現我們所說的「永生」。

那麼，依靠上述的一切，誰可以決定有沒有得到所祈求的呢？受造的人能抱怨什麼？不要算帳不是比較明智嗎？將自己獻於無限的愛，不是一個比較配合的態度嗎？

專欄四
意識省察

在《神操》這本書中，各種省察的方法和材料被安排在全部操練的開始：從第23號〈原則與基礎〉之後，一直到第一個星期的第一個操練之前（神操45）。也就是從第24號到44號，共21條，放在整個操練內容的最前面，並且仔細的談論，顯示出依納爵有多麼看重這種操練。在還未開始祈禱以前，他已開始介紹省察的操練和所有不同的省察方式。

好處與缺點

明顯的好處是，這個方式從一開始就培養內在的深度，這就是依納爵靈修的一個特點。依納爵靈修是包含內在也包含深度的。大部分人的生活都顯得膚淺，現在可能連膚淺都談不上，而是生活在一個虛擬的文化中。因此，邀請人做內省，注意到人的內在是很重要的。我記得小時候聽過一首詩，可能在文學上沒有什麼價值，但內容很適合用來表達神操：忘記受造物，想念創造者；注意你內靈，愛那愛你的。

在開始祈禱前先接觸自己，這能給要做的操練一種深度，而且會將後來的祈禱以比較實在的方法變成個人的經驗。首先應該（同時也很重要）認識要和天主來往的那個人。這樣的反省是在〈原則與基礎〉的光照下，我們已經認識天主對人的計畫和人在這個墮落的狀況之後所體驗到的困難。

缺點是可能有些過於形式化，或是把它當成一個和天主沒有什麼關係的事，只是在反省自己而已。應該注意到〈原則與基礎〉所說的，人是受造的，**因此省察不是內省而已，而是在我的心裡面尋找天主**，找到聖奧斯定所說的「對待我比我自己更親密的」那一位。

《神操》中的省察

在《神操》書中只闡明（介紹）兩個省察：專題省察（神操24）及總省察（神操32）。此外，在〈附規〉中有提及省察是神操的一部分。《神操》77號〈附規五〉說：「操練完畢後，用一刻鐘的工夫，或坐或走，考察我怎樣做了這次默想或默觀。假如做得不好，查考不好的原因；查得之後，便發痛悔，定志以後改善。如果作得好，便感謝天主，定志下次照樣去做。」《神操》90號說：「應當利用專題省察，來改除在奉行神操及附規上所犯的過失或疏忽。這在第二、第三、第四週內也是一樣」。在〈分辨神類〉規則甲組第6號（神操319）也提到，在神枯時要多多反省自己。《神操》〈凡例〉19提到，在非避靜式的神操方式中，省察是生活中的重要因素。

意識省察的步驟

為了避免我們剛才所提到的形式化的危險，我們必須注意到**省察是一種祈禱的方式，是與天主對話的方法之一**，因此，首先應該意識到我們準備要到天主面前和天主對話。

(1)感謝

從感謝開始是很重要也很有意思的，因為感謝將人放在屬於他的位置，人就站在一個對話的狀況。感謝一定是一種對話，而祈禱就是與天主談話。另一方面，感謝也把人放在他的地位，因為是以受造物的位置來面對天主。人所有的一切都是從天主來的，所以要感謝。應該從這樣的立場來觀察一切。假如我們想像，我們與天主的對話有如一個職員向主人述職，那是一個很大的錯誤。但是也不要完全忘記這一面。可能比較好的圖像是：小孩子向他的父母述說當天在學校和朋友做了些什麼事。從感謝開始，感謝我有什麼、我是誰、我做了什麼，這可能是最好的方式，以便擁有小孩子的態度。（我們不要忘記耶穌要我們以這樣的態度站在天父面前）

最好應該將這樣的感謝具體化，特別是針對當天的情況。應該將感謝擴大到每天的恩賜，不然，我們會有一個危險，就是忘記感謝生活中最重要的：生命本身、健康、家人、信仰、在信仰中幫助我的人。

在基督生活團中，關於省察有一個很普遍的錯誤，就是先求光照。曾經有一個很可愛也很有功勞的神父，有一次寫一篇關於省察的文章，這文章是從祈求光照開始的，這並不完全錯，因為人需要天主的光照來認識天主給我們的恩賜。但有一個危險是，在省察一開始，將目光放在省察者本身，因為省察者求光照為了能好好做省察，這樣就不是開放的向天主致謝，因此目光應放在天主才對。

(2) 求光

我們要求的是天主給的光明和天主的立場。在天主的光照下，我們會看到一些我們自己看不到的地方。同樣，從天主的立場來看我們的生活是很不一樣的。從我們的角度看我們平常的生活是很平淡的，所以我們需要用不同的態度來看我們的生活。

首先，感謝的態度已經幫助我們將我們的生活看成是一件天主給的禮物。大部分的人，我們自己常常也是，並不是這樣意識到自己的生活。祈求光照會增強與天主的對話和祈禱的體驗。

⑶ 回顧當天的生活

能以不同的方法進行，以免變得太單調、或因為習慣、或因為焦燥急進而沒注意到一些事情：

——以時間段落為區隔，將一天分成幾段，例如：上班前，上午直到午餐，下午，下班後。

——注意到我當天做了什麼行動。例如：思、言、行為和我應做而未做的事。

——以生活的狀況來區分：我去了哪裡、和誰談話、談了些什麼等等。

——當天有的感覺或影響：有什麼事讓我高興或是難過、生氣、欣賞、鼓勵或是失望。無論怎樣，應注意超越事實本身而儘量看到意向（目的、企圖），這樣進入到實在的我，表現出來的我，而避免停留在一個理想的我，一個我自己想像的我。

假如我注意到自己真正的意圖（雖然當時可能沒有意識到），我們能學到天主怎麼領導我們，我是怎麼答覆祂的。

無論如何，不應讓這一段落太長，好像希望每一次都能完全明白天主要向我說什麼。此外，常用省察的方法會培養我們的敏感度。

⑷ 痛悔

在觀看我們的生活時，免不了會看到不怎麼明亮，甚至出現黑點的自己。因此總是需要一個悔改和痛悔的時間。這樣的痛悔會比較容易，例如：在省察時，我想起這樣的一天本來是天主的禮物，而黑點，好像是我弄壞了祂給我的玩具，或是我看不起這個禮物，因此感覺到懊悔而向天主表達歉意。

⑸ 改變與恆心

悔改是前半，還應該想辦法避免之後對天主的冷漠或拒絕祂領導我的手，或是從天國出國。我們需要繼續不斷的學習認出祂的臨在，對我們的四周更加敏感。還有，要預想明天要如何繼續今天已做的好事。若是修改了不良的一面，卻忘了原本好的一面，那就兩相抵消，沒有進步了。因此我們需要預想下一日，幫助我們隔天接受這樣的禮物，以比較正確的態度和方法面對祂。

各種不同的省察

(1) 專題省察

這是面對一個具體缺點的方法，為能常常留意，並保持奮鬥的精神。《神操》中提到這個方式（神操24），為得到更好的效果，還連續解釋了一些實際的方法：記錄、比較（上午、下午，今日和昨日，本週與上週等等）、一犯錯立刻承認等。

這個方法可能有的危險是，變得過分仔細而造成一個不健康的緊張，反而不能保留一個比較健康的張力。

也許正是因為這個危險我們很少提到它。我相信大部分的讀者，包括做過日常生活神操者也沒有聽過這個專題省察。但是，若我們注意到有一個常有的缺點打擾我們，且已經造成一種內在的緊張，我們就可以做專題省察，且最好是在祈禱的氣氛中進行，它可以成為這個緊張的疏通之道。

(2) 祈禱的省察

這樣的省察在《神操》的附規中特別提到（神操77），這附規是特別為幫助人做神操而訂的。乍看之下，我們以為依納爵所定的時間太長了：祈禱一小時，之後用十五分鐘的時間省察那個鐘頭的祈禱，這兩者幾乎不成比例。可是，如果我們真正的執行，這十五分鐘的省察可以幫助我們守住祈禱中所經驗到的。假如有很深的體會，這是一個好的機會來感謝天主。假如分心很多，省察是一個痛悔的機會，同時增加渴望，希望下次祈禱時能真正找到天主。

可能在修會生活之外（又如在耶穌會士的初學和文學年之後），不太會注意到這個省察，除非是在比較長的避靜，而且，需要陪伴者常常提醒。

簡單的寫下這個省察的結果是很有用的，因為這可以成為晚上省察的材料，可以比較、看過程，查看那些更常出現的現象。例如：什麼時間、姿勢、地方；比較有幫助或比較沒有幫助的是些什麼……。這樣的省察最大的幫助是，之後和靈修陪伴者談話時不會變成聊天。

無論如何，這是非常重要的，為了能在日常祈禱中有所進步，否則，每日重覆同樣的錯誤、同樣的冷漠，以致終於不再祈禱，因為覺得祈禱沒什麼用。**事實上，覺得祈禱沒什麼用是因為沒進步，而沒進步是因為沒有做省察。**

(3) 告解省察

事實上，我們在基督生活團中常提到的省察，是一種為辦理和好聖事的具體準備辦法。依納爵將省察最重要的部分放在《神操》的開始，因為他覺得與天主和好是最重要的事情。中古時期，人們對地獄的恐懼可能是一個辦理和好聖事的重要理由，雖然現在這樣的理由已不再推動我們。無論如何，依納爵打算幫助人接近天主，愈近愈好，這是非常正確的。為達到此目標，第一件事就是與祂和好，接受天主繼續不斷的給予寬恕。就是因為這個緣故，依納爵強調和好聖事。

然而我們可能首先應該反省的是，為什麼我們那麼少去領受和好聖事？這不是說我們要回到以前定期常規的告解，這很容易令人有心窄的狀況。可是應該承認的是，我們很少領受和好聖事。最終的理由是我們不看重罪，也就是我們不看重我們所得罪的天主。

另一個理由也可能是，我們缺乏每天的省察。我們又墮落到一般性的膚淺的生活。因此，失掉了對天主的敏感，忘記了祂臨在的喜樂。

因此，應該找一些結構化的幫助，例如在大節日辦和好聖事，例如聖誕節及復活節。此外，還應該找一些其他比較大的日子，或是趁機在各種避靜、月退省等時刻辦理和好聖事。

(4)區段省察

《神操》並未提到這樣的省察，但是，我有一些從初學院而來的經驗，依靠這些經驗，我提出以下的意見：假如每個月有一次團體彌撒，而且稱之為月省彌撒，那麼，這是個好機會，為過去的那一個月做月決算，看看在那個月有什麼特別突出的積極或消極面。假如每天都有省察，做這樣的決算是很簡單的，只需要規劃出一段時間讓大家有機會反省，當然這也需要每一個人願意好好的利用那段時間。

這個省察當然也能幫助我們多加領受和好聖事。

省察促進靈修的進步

很清楚，省察是一種祈禱方式，它幫助我們去除一些走向天主的阻礙，同時也幫助我們加強對祂的敏感度。為達到這個目的，省察幾乎比祈禱更重要，至少依納爵的看法是如此[21]。假如沒有省察，祈禱可能變成例行公事而沒有效果；省察可以給予祈禱活力。

如同祈禱的方式，為配合靈修的發展，省察的方式也能改變。每一位祈禱者都應該在這方面做決定要怎麼進行。

21. 依納爵在耶穌會《會憲》中規定：讀書修士每日該做兩次省察。至於每日祈禱一小時的規定，是修會後來才定的規矩，依納爵本人並沒有這樣規定。

專欄五

依納爵式默觀

★祈禱前的準備

(1)意識到我在天主面前。

(2)以整個的人（包括身體）朝拜。

(3)〈預備經〉：懇求天主賜我聖寵，使我的一切意向及行為，都為侍奉讚美至尊無對的天主。

★默觀祈禱的材料

以《瑪竇福音》十四章13－21節增餅奇蹟的敘述為例。

前導

(1)歷史：按此章節的敘述，分三個段落進行。

段落一：耶穌的門徒向他報告若翰的死訊。耶穌聽了之後決定退避到比較偏僻的地方。

段落二：到了當地，耶穌憐恤群衆。他們上船，經過加里肋亞湖小灣，到某一個曠野的地方，可是，群衆也到了，耶穌憐憫他們，治好了病人。

段落三：增餅。在偏僻的地方，時間晚了。人們餓了，耶穌的解決行動是：麵包、祝福、分配、吃飽。

(2)定像：耶穌和門徒在葛法翁附近，離湖水不遠，一個安靜有陽光的清晨，有一些石頭可當座位。

一個短程使用的小船，停靠在一個比較偏僻的地方。附近有一個低矮有草的丘陵。

耶穌在同一個地點增餅。

(3)求恩（這個默觀的求恩）：求天主賜予足夠的明智與平衡，在恐懼和魯莽之間，或是求天主賜予足夠的敏感，使我們注意到人所祈求的意向而給予細心的答覆。或是求天主賜給我們注意到他人的需要而能有效的回應。

默觀的發展過程：配合前導中(1)歷史的三個段落。

段落一：

看敘述中的人物

耶穌和門徒坐著或是靠著，奉行神操者看他們的臉，耶穌的臉（我的耶穌）：門徒們有人表現興趣而注意，也有人不那麼注意。注意他們的姿勢或動作；他們穿普通的衣服，舊的或是破的，看那位來報告訊息的人緊張而喘著氣。他的衣服也是很普通的，臉有一點扭曲，好像害怕和擔心。

聽他們說話

耶穌和門徒聊著當時的狀況。有一個人說：「人好像不怎麼關心這個天主的國」，「可是，平民不知道怎麼充飢」，「沒有東西吃的人反而很有興趣」，「那些人當然，可是，有土地的人所要的是平安和莊稼」，「不用說，富翁……，他們不願意聽天主的國，默西亞……等等」，「無論怎樣，愈來愈少人來聽道理」，「開始時，一到村莊，全村的人立刻都來了」，「可是，為了治病，他們還是繼續來啊！」「你願意他們做些什麼，他們會去哪裡？」「好吧！好吧！耶穌，不要失望，我們還在這裡」。有人來跟耶穌小聲的說了一句話。耶穌的臉改變了表情。他好像在思索，閉著眼睛想，以後，大聲對門徒們說：「黑落德殺了洗者若翰。」門徒們的臉也改變了表情，變得比較嚴竣。「那現在，那個人來抓我們啊！」「下一群就是我們了！」「不，他沒有碰若翰的門徒」，「他只是針對若翰本人」，「那我們就什麼都不做，為保護我們的老師嗎？」「反正是他的事嘛！」「我們要做祂跟我們說的。」

帶消息的人說：「我想是不一樣的個案。若翰的事情是因為黑落德太太的緣故，那個黑洛狄亞受不了若翰，因為他公開的指責他們。我不知道她是否有意要攻擊耶穌，我向你們報告，以防萬一。但是我想，假如她要反對耶穌，不會只是反對他一個人，而是要面對耶穌所引起的情況。」

看他們做什麼

當門徒們辯論的時候，耶穌繼續閉著眼睛，他知道門徒們不管別的，只顧自己的性命。耶穌在祈禱，希望了解藉著這樣的報告、這個消息、這個事實，父向祂說什麼？祂現在該走哪條路？祂應就像沒發生任何事一樣繼續做祂的事嗎？或是，祂有一段時間應該稍微明智些，等狀況安靜下來。耶穌起來，他的臉很寧靜、平安的觀看，向門徒們說：「讓我們到比較偏僻的地方去。」

當時，我，注意到躺在岸邊的小船，我看到這一切，我開始準備小船，因為那批人往湖邊走來。

段落二：

看敘述中的人物

看耶穌和門徒們在船上，耶穌稍微分開，單獨的想一想，門徒不向祂說話，只是船靠岸之後，他們都下船，跟隨了他。他們零散地分為幾撮走著，無心觀賞風景。看著那些前來的群衆，其中有個跛子一瘸一拐的走過來。加上有些看不見路的人，依靠他人帶路。有人顫抖著，有人用手語比劃溝通。大部分的人穿得比耶穌和門徒更隨便，在他們的臉上憂喜參半。來的人的數目，遠超出了門徒們所預估的。

看耶穌的面貌如何改變，變得更寧靜，更表達歡迎，好像能幫助這些平民。讓他的臉發光，雖然他們相信祂，只是因為奇蹟的緣故。看門徒們厭惡群衆的臉，因為來了這麼多人，使他們不能單獨和耶穌在一起。然而就是現在，他們需要單獨和耶穌談話，商討如何面對新的狀況。

聽他們說話

耶穌用柔和的語氣向群衆說：「凡勞苦和負重擔的人，你們都到我跟前來。」病人祈求：「主，讓我看見。」、「照你的信德實行吧！」、「幫助我，因為我的妻子有一個不知什麼樣的魔鬼，使她不停的顫抖。」、「你的病也好了吧！」、「老師，謝謝你！」、「謝謝主！」、「繼續跟我們講話吧！如同以前一樣。」、「別擔心，那個……黑落德不敢反對你的。」

當時，門徒們分開著，表現出他們對群衆打擾的不耐煩：「奇蹟愈多，愈可能讓黑落德注意。」、「你以為耶穌看到這些需要的人，不做什麼，就因為黑落德殺了若翰嗎？」、「看起來，好像你還不太認識耶穌。」、「我知道，可是現在，稍微低調一點比較好。」、「所以，我們來到這裡。」、「你想，我們躲在這裡，黑落德會不知道嗎？」

看他們做什麼

耶穌第一個上船，門徒們稍怕，跟著祂上船，划船入湖，問：「我們走到哪裡？」耶穌回答：「你們找一個比較隱避的小彎，更好是比較空曠的地方。」有的門徒在心裡面開始想：「繼續跟隨耶穌，會不會是危險的事？」

他們到了群衆已在的地方，耶穌開始治病，以愛收留所有的人，提醒他們有一位父，照顧他們，無論耶穌在不在，父都會看顧他們。

門徒們不耐煩，願意趕快，無論如何，解散群衆。當時他們不知道做什麼，找一個藉口，讓耶穌結束群衆的逗留。

我，反而很欣賞耶穌的親和力，我欣賞他怎麼和人有來往，尊重、細心。我也渴望能接近祂，被祂治癒。

段落二：

看敘述中的人物

耶穌平安的繼續祂的行動，門徒們愈來愈緊張，被醫治的，有人沉默，有人呼喊他們被醫治，群衆興奮的忘了時間。他們總是等候能從耶穌得到些什麼。

聽他們說話

門徒們提醒耶穌：時間、地點、狀況，人的需要。「這些人沒有什麼東西吃」、「在這裡也不能準備什麼」、「最好解散他們」看看會找到任何小村莊，或是房子，他們能買些什麼或要到些什麼。

耶穌很驚訝：「他們為什麼要說『不知道要到什麼地方去買？』」「你們自己給他們吃的」。現在輪到門徒們驚訝了，以不耐煩和無理的態度說：「我們這裡只有五個餅和二條魚」（而且，假如我們現在拿出來，後來還會剩下什麼可以吃？他們不說出來，但心裡這麼想，而且看得出來。）耶穌假裝不懂，簡單的說：「把它拿過來。」

看他們做什麼

門徒們接近耶穌為了要祂解散群衆，然後再找找附近有些什麼東西。應該注意到，他們憂鬱和不耐煩的臉。以後，他們把餅和魚帶給耶穌，然後分配給群衆，他們的臉慢慢的改變。再看怎麼所有的人都有東西吃?!而且都覺得很滿意，他們感覺到在參加一件很大的事，一件以後會談論很久的事。所以他們感覺到很有尊嚴、很重要。厭煩和喜怒變化的情緒慢慢的消失了，取而代之的是微笑和喜樂的表情。這也增加了他們對耶穌的喜愛。他們想：「這個耶穌，在祂最好的朋友死亡和在祂有危險的情況下，祂都不停止地做好事。而且現在，那麼明顯……」巴爾多祿茂問瑪竇（因為瑪竇比較會算）：「你認為這邊會有多少人？」瑪竇答：「我想，不會少於四千。」巴爾多祿茂和多默都聽到了，就自言自語的說：「四千，而只有五個餅。」

耶穌命令群衆坐下來吃，然後拿起餅和魚，祈禱，把眼睛舉向天，祝福它們，分配下去，耶穌以祂的眼光跟著門徒們正在做的動作，注意到他們的表情的改變，而想起：「我父工作，我也工作。」

群衆等待，吃，驚訝，高興，覺得滿足了。能回家，而不必擔心幾時才能吃晚飯，尤其是女人。在那邊看到的女人不多。他們很高興，回家不必再做飯了。有一個小孩子睏了，開始哭……

我，想辦法幫助人接近耶穌，為了得到痊癒，幫助門徒們找到一些吃的東西。我也和他們一起分配，一個門徒准許我協助他們，我可以很直接的看到群衆的臉，他們的喜樂。

對禱

現在，一切都結束了，我趁門徒忙著收拾碎塊時接近耶穌。祂坐在一個石頭上，我坐在祂旁邊。我問祂可不可以將我的頭靠在祂的膝蓋，祂點頭答應了。我向祂說我是怎麼度過這段時間的：我為洗者若翰的事情而憂鬱，我擔心祂也會面對危險。我向祂說我多麼喜歡看見祂對人的事情有興趣：怎麼對待他們、醫治他們、給他們吃的。我跟祂說，我喜歡祂對門徒們的教訓和我所感覺到的安慰，因為我能參與他們一起合作。我向祂表達我的渴望，我祈求祂使我效法祂的行為，並幫助我超越門徒們的態度。求祂使我愈來愈認識祂，愈來愈愛祂……

我以〈天主經〉結束。

專欄六

依納爵式默想

「默想」這個字可能會有一點誤導大家。我們首先會以為重要的是「想一想」，可是在《神操》中，依納爵教導的不是這樣，因此我們需要擴大這個語詞帶給我們的眼界。我們平常用的「默想」這個詞，Google給的解釋是「深思」，這也不錯，至少不會立刻叫我們想，而是指向一個更深的體驗。

幾百年前，有一位神父在相當普遍的默想書中，每次都會提到默想的三個步驟：審議、衡量、取得，但這三個步驟缺乏情感層面。我們現在以依納爵的經驗重新體會關於默想的操練。

默想的定義

用靈魂三司默想。三司指記憶、理智、意志。《神操》第45號提到：「用三司默想第一、第二、第三種罪。」現在以第一週的第一個操練（神操45）為例，加以說明。這個操練除了〈預備經〉和兩個〈前導〉外，共分三個主題和一個〈對禱〉。

默想的過程

開始

〈預備經〉：求我們的主天主賜我聖寵，使我的一切意向及行為，皆為侍奉至尊無對的天主。

二個前導

〈第一前導〉：設想一個地點或情況。因為默想的材料常常沒有任何歷史，若要設想地點反而會讓我們有一點驚訝：在不可見的主題，卻要有一個定像。這樣讓我們了解到這不只是一個理性的操練。的確，《神操》的第一個默想的前導，就是要引起祈禱者厭惡和棄絕的感覺（情感）。

〈第二前導〉：求恩。就是懇求我主天主賞賜我所願望的恩典（和上述第一前導配合，求的是慚愧與羞恥的真情。再次提到情感。）

三個主題（這是祈禱的重要部分）

在這個主題（罪）中，很自然的提到第一個罪（天使），第二個罪（亞當），第三個罪（有一個人犯了一次大罪）。

從記憶開始，讓過去的事活化起來，生動的呈現在我面前，到了某種程度，默想的記憶部分就等於是默觀的歷史部分。

理智和意志並沒有分開，三司是同時使用的。所以這並不是一個只著重理性的操練，是為了用意志推動情感，這樣的審議和衡量在祈禱的過程中是同時使用的，彼此解釋。

所以，默想的過程並不是先想起（記憶），以後了解（理智），最後決定（意志）。而是在想起時就了解、接受或棄絕。在理解推論的過程中，就做了選擇和決定。這幾個層面同時運作[22]。

結束

〈對禱〉：希望默想引領人進入對話。這個操練所暗示的是比較注意到情感層面，衡量耶穌所做的，再比對自己該有的相稱反應，用以觸發善情善念。

22. 參考《神操》50號：第一端，先用記憶憶記起第一種罪，就是天使們所犯的罪；再用理智思想，最後用意志激發慚愧和羞愧的善情。將天使們唯一的罪和我的許多的罪相比較，想他們為一條罪下了地獄；而我多次犯過大罪，早該受處罰。若默想天使們的罪，該想他們是在聖寵中受造的，卻濫用自由，不願恭敬讚美他們的造物主；反驕傲自大，由寵愛轉入罪惡，因此被投入地獄。我要用理智仔細推想，再用意志激發善情。

依納爵式默想練習

★默想「聖母瑪利亞蒙召升天的奧蹟」

在我們信仰內有許多教理，表達我們所相信的，這個稱為奧蹟，可是我們並不常注意到他們，因此，無法使我們的生活結出更多的果實。一個具體的例子是〈信經〉的每一句話。我們可以花一段時間，一個一個的默想，而且，如果常常這樣做，就可以獲得許多果實。但是還有一些奧蹟並沒有在〈信經〉中發揮，比方說「恩寵」，關於這點可以看看《羅馬書》中許多段落的經文。像這樣的資料比較適合默想的方法來祈禱，而不太適合用依納爵式的默觀。

這裡我們用聖母瑪利亞蒙召升天的奧蹟做默想練習的唯一理由是，我在寫這篇文章的時候正好是教會慶祝這個節日的時刻。而且，在整個禮儀年度中，我們比較少有機會默想這個主題，雖然這個奧蹟被列入〈玫瑰經〉的榮福第四端。

開始

〈預備經〉：求我們的主天主賜我聖寵，使我的一切意向及行為，皆為侍奉至尊無對的天主。

三個前導

〈第一前導〉：歷史。我們想的是瑪利亞享受永生，而且，按我們的信仰，相信所有的人將分享這個完全的永生。就是說，這樣的永生與物質有些關係，與身體有關。雖然我們還不是很清楚地知道這個關係是怎樣的（聖保祿也不知道）。

可能可以用這個節日的讀經做為默想的背景：《若望默示錄》十一章19a節；十二章1－6節；《格林多前書》十五章20－27a節；《路加福音》一章39－55節。

〈第二前導〉：沒有且不必設想該有一個定像。這樣的努力只會使我們因無關的因素而分心。比方說：瑪利亞死了沒，在哪裡，誰陪伴她……等等。

〈第三前導〉：求恩。可以求很多種恩寵。比方，求天主給我們喜樂，因為我們的母親瑪利亞享受這麼大的光榮；或是求天主使我們默想這個奧蹟，加強我們的希望和我們的渴望，在天上和瑪利亞一起分享這樣的光榮。

三個主題

注意，為了方便，這裡我們將這個奧蹟分成三段：升天、蒙召、瑪利亞。

第一段：升天

就是說，肉體和靈魂升天。我們可以想，這個奧蹟就是否認關於死亡時我們所有的恐懼：我們的肉體消失，我們與所認識的人分離；我們藉由身體而在地上所有過的關係、我們做過的事，或是現在所做的全都消失。因此我們在慶祝瑪利亞升天的時候，我們也在過我們的節日。

在〈信經〉的最後，我們說「我們期待肉身的復活及來世的生命，阿們！」因此，這個節日和這個信理反映我們的信仰和希望。因為永生不能在地上實行，應該有一些狀況的改變。我們人只能理解或接受兩者的一半：一方面有一些哲學否定肉體、物質的、身體的，另外一些唯物的哲學卻取消了永生。可是，我們將這兩個放在一起，而不覺得有什麼矛盾，因為可能我們從來沒思考我們說的是什麼。事實上我們應該多想一想，注意到肉身和永生的矛盾，才能了解應該有一個很重要的步驟，就是天主的干涉。我們要了解，這件事情遠遠超過我們本性的能力；如果我們了解到這是個困難，這樣就是向奧蹟開放。

我們應該衡量，這樣偉大的事已經實現在一個人身上：瑪利亞，因此，也能發生在每一個人身上。這個奧蹟與我們有密切的關係，因為這牽涉到我們是否也能分享同樣的光榮，如同慶祝這節日的彌撒〈頌謝詞〉說的：瑪利亞的蒙召升天是「教會蒙召升天的開始和典型」，也就是說，所有的人分享這個包含著身體復活的永生的開始。

也許，想到這點，我們開始有些懷疑。也許我們體驗到一個很大的喜樂，因為我們得到保證，我們的渴望不是虛空的，不是白日夢。我們相信，且承認我們所相信的是一個事實，欣賞天主的許諾而且實行；祂對我們而言是一位父親，而不是一個地上的政治家，也不是一個常說空話的人。

這樣的喜樂加強我們的信德和望德，因為已經不只是希望，而是等待。我們等候火車或是捷運，不是希望它會到來，而是它一定會到來。同樣的，這裡我們所默想的奧蹟給我們這樣的確認感：我們有一個理性的把握（但還是在信仰內）。

第二段：蒙召（升天）

在這個奧蹟中要談論的是「升」，但要好好了解，是怎樣的「升」。基本上有二種「升」，一種主動，一種被動：主動的上登，和被帶上升。可以舉一例。假如在家有升降設備，而我住在四樓，那可以有二種方式回家。一種是爬樓梯，一個是坐電梯。假如是樓梯，那是我登上樓，依靠我的體力，還有我所有的能力，是完全依靠我的健康和年齡。假如坐電梯，我不是升，而是被提升（有些升降設備公司發明了電梯，有一些工人將此設備安裝在樓房中，加上電力公司供給能源……等等，如此藉著很多人的工作，讓我上升……，我完全是被動的）。

比較年輕的人充滿活力，會以為這只是老人家的問題，會想自己每天上四樓沒什麼問題，這沒有錯，但可以問他，有多少次他是爬樓梯上台北101大樓（或是任何一棟摩天大樓）的？

假如將這個例子放在這個奧蹟，問題變得更嚴重。哪裡可以有登上天堂的樓梯呢？那需要多少階呢？別開玩笑了，簡單的說，任何人都不可能上天堂。在禮儀年，我們慶祝耶穌升天節，對，祂能升天，而且的確升了天。因為祂是天主，屬於天堂的，所以，如同祂能降下，祂也能上去。可是，任何凡人都不能做到，包括瑪利亞。

在這裏所默想的奧蹟和名稱中，有不可省略的兩個字，那就是「蒙召」（雖然有時我們為了方便，不知不覺的省略了）。瑪利亞雖然是耶穌的母親，但不能依靠自己升天。她升了天，因為被召叫，且在被召叫的時刻升天。假如要借用前面的例子說明，那就是有人讓她使用為了耶穌降生、死亡和復活所準備的那個電梯。瑪利亞升天是依靠了她兒子的功勞，而不是依靠自己的功勞。

這樣我們更覺高興，因為我們看到天主所預備的讓人升天的方法是有效的。因此，我們希望等到我們被邀請使用這個方法的時刻到了時，也同樣有效用。我們也會蒙召升天。

感謝天主藉著祂的聖子耶穌，因為祂給了我們到達永生的路，在那邊，我們就是我們自己，有個可以認出的身體，我們每一個人都是獨特的一位，也期望開始這個新的、無限幸福的生命的時刻來到：一個充滿了讚美天主的生命，充滿了我們的心，那是此生還沒有體驗過的喜樂。

第三段：瑪利亞

可是，為什麼是瑪利亞？

假如我們讀過原先建議的章節，會記得在《若望默示錄》中說：「那時，天主在天上的聖殿敞開了，天主的約櫃也在祂的聖殿中顯出來了。」立刻又有另外一個異像：「一個女人，身披太陽、腳踏月亮，頭戴十二顆星的榮冠。」（《若望默示錄》十一章19a節；十二章1節）約櫃和女人能有什麼樣的關係呢？在《舊約》中，約櫃是天主在祂民族中可見的記號。耶穌定了一個「以我的血所立的新約」也是藉著「我的身體，為你們而捨的」（《格林多前書》十一章24、25節）一個盟約。耶穌的這個身體和血是降生時藉由瑪利亞而得到的。這不是突然得到的，而是和所有人一樣，經由懷胎十月，在母親的腹中形成的。所以，瑪利亞是《新約》的新約櫃。〈聖母禱文〉中就有稱聖母為「新約櫃」這樣的稱號。

因此，似乎很理所當然地，若要試試讓人上天的機制，第一個有資格試用的就是瑪利亞。如同在台灣，當一個比較長途的火車開始營運之前，首航都會安排總統搭乘，而因為瑪利亞在設計升天的那位工程師的公司中有很大的貢獻，因此首航也應該屬於她。

談到瑪利亞，耶穌的母親，正如聖母蒙召升天節教會選讀的福音，依撒伯爾承認「吾主的母親駕臨我這裡」，瑪利亞自己也承認「全能者在我身上行了大事」。但是，無論如何，我們談的是一個人，不是神，一位不能升天的人，除非蒙召，除非全能者在她身上行了大事。

瑪利亞在天堂是有肉體和靈魂的，她不是一個會使我們怕懼或我們應該奉養的鬼魂。相反的，她在天堂以她的回顧，憐視我們，藉著她的祈禱幫助我們。我們不能忘記，這一切的發生，是在我們的母親身上，所以，與我們有密切的關係。整個的教會大家庭，應該歡樂的慶祝她的上升。

結束

〈對禱〉：如同依納爵在某些默想或是默觀所提到的，可以做三段對禱。

第一段，向聖母表現出因她所得到的這個特權而喜樂，或是問她在那時刻有怎樣的感覺。或是看我們現在所默想的這個奧蹟中，她有怎樣的感覺。我們可以祈求她讓我體驗到這個奧蹟所含有的喜樂。請她求她的兒子給我們希望，期望我們也能得到上達天堂的恩寵。最後以〈聖母經〉結束這一段對禱。

第二段，向耶穌——她的兒子祈禱。恭喜祂真正表現出祂真是孝順的兒子。祂給祂的母親祂所能給的一切：成為跟著耶穌到天堂的第一人，「屬於基督的人」（《格林多前書》十五章23節）的第一位。我們感謝基督把這樣的一個特權擴展到每一個人，求祂恩賜我們能忠誠的跟隨祂到祂為我們預備的天堂。最後以〈基督聖靈頌〉結束這一段對禱。

第三段，向天父祈禱。感謝祂想到這個偉大的計畫，感謝祂不珍惜祂的兒子而將祂賜給我們。也感謝祂藉著教會啓示給我們這個充滿我們的喜樂、希望和鼓勵的奧蹟。以〈天主經〉結束。

【第二部分】使命是走向天主的方式

如果人在每件事情中看見天主，那麼他的行動也就是祈禱了。

第五章　選擇過使徒的生活

侍奉天主是每種靈修的特點，不管是讚美天主的生活或是使徒工作的生活。只不過有某些靈修，它的生活焦點是直接與天主來往，例如隱修生活。然而如果我們談的是比較使徒性的生活，那麼讚美天主和使徒工作兩者應當有所平衡，否則，人會被活動主義佔據而忘卻天主。

對依納爵而言，侍奉天主和幫助人靈（使徒工作）是分不開的，在《神操》、依納爵書信或是耶穌會《會憲》中都可以看到這個特點，因此，如果我們以依納爵的靈修方式過生活，那麼我們的生活就會是一個使徒的生活；生活就是我們的使命。

使者：身為被派遣者（ser enviado）

關於「使者」這個詞，西班牙文有兩種表現型態，一個是表達永久性的狀態，

就是 **ser**（to be），表示一種身分或本質。另一種是表達暫時性的狀態，就是 **enviado**（be sent），意思是被派遣的，是會改變的。中文不太容易表達這兩種差別，現在我們藉用教父大額我略關於「天神」和「天使」的說法來加以說明。

天神是表達一些住在天上、受造的，但沒有物質形體的存有。天使是被主派遣的，是宣報者。中文不太使用天神，而直接說天使，但其實天使只是正在執行某一任務的天神，一旦任務完成，他不再是天使，但他仍是天神，他一直都是天神，那就是他的本質和身分。所以 ser 意指「是」，是個存有，不是一個臨時的狀況，而 **enviado** 意指「被派遣」，暫時去從事某個任務，一旦完成任務就結束這個狀態。

我們所說的基督生活團的團員，他的身分基本上就「是」一位使者，適用的動詞是 **ser**，雖然很多時候他並不直接做使徒工作，但他全部的存在和生活，都是被派遣的。因此，人不需要為了「是」一個使徒而去做什麼使徒工作，但如果是個使徒（ser），就應該是個隨時等待**被派遣的**人（enviado），也就是說，一旦體驗到「被派遣」，就會將這體驗予以實踐（從事使徒工作）。

使徒工作：被派遣去做的事

現在我用「使徒工作」和「使者」來說明基督生活團團員的不同狀態。生活團團員應該是一個使者、使徒，他全部的存在和生活都是被派遣的。有時，生活團團員會正在執行某些任務，我們說是正在進行某些使徒工作，然而一旦完成任務，他便不再進行使徒工作，但他仍應該是一位使者，以全部的存在和生活回應主的派遣，所以整個的基督生活團是一個使者的團體。這也就是為什麼使命是基督生活團三大重要內涵之一，使命幫助我們了解我們的身分。可能有人認為這是一個脫離現實的討論，但若不分清楚這兩個概念，會使人有錯誤的理解或是心理不安的感覺。

聖三內的派遣

《若望福音》常常用「派遣我的父，我實行派遣我來者的旨意」這樣的句子。一切的派遣都是從父開始，父派遣了子，世界才知道有父。對《若望福音》來說，耶穌的死亡是回到父，「**耶穌因知道父把一切已交在他手中，也知道自己是從天主**

來的，**又要往天主那裡去**」（十三章3節）。因此，耶穌復活後，第一次顯現給門徒們說：「如同父派遣了我……」。

因此，耶穌是被父派遣的，他自己也能派遣聖神。祂在最後晚餐提了幾次：假如我不走，那護衛者不會來到你們這裡。因此耶穌在復活後第一次顯現時說：「**你們領受聖神吧！**」（《若望福音》廿章22節）。這樣看來，這裡有一個一連串的派遣，父派遣子到世界，子派遣聖神到世人身上。

派遣的延續

人被派遣的偉大之處在於：我們也在這一連串的派遣中。

前面我提到耶穌復活後第一次顯現給門徒時說：「如同父派遣了我……」，後面還有一句說：「我也派遣你們」。其實比《若望福音》更早的記載，在《馬爾谷福音》中就有「**他選定了十二人，為同他常在一起，並為派遣他們去宣講。**」（三章14節）以及《瑪竇福音》十章16節：「**看，我派遣你們好像羊進入狼群中**」。

聖神也會派遣。《宗徒大事錄》十三章2節：「**聖神向他們說：『你們給我選**

拔出巴爾納伯和掃祿來，去行我叫他們要行的工作。』」從父開始的派遣有兩條線，一方面是子派遣人，另一方面是聖神也派遣人，彼此沒有對立，而且是互相補充。子派遣人，是可見的；聖神的派遣，是人體驗到祂的效力。

人也能派遣。有時人派遣是因為特別領受了聖神的推動，例如選巴爾納伯和掃祿。有時是人認為需要，例如《宗徒大事錄》十五章22節：「……同全教會決定，選幾個人，派……，為了……」，《宗徒大事錄》十五章28節：「因為聖神和我們決定」，這暗示了派遣他們是有聖神的推動。有時沒那麼清楚，但也派遣，是延用了《聖經》的傳統，因為耶穌派遣聖神，也派遣門徒，門徒之間也互相派遣。這樣，我們就進入了這一連串的派遣之中。

使徒生活：決定選擇天主對我的召喚

使徒生活是人的生活方法之一，但這樣的生活不是單純的人的選擇（決定）。若用依納爵的說法，**這應該是一個對於「被選定」的決定，先決條件是主的召叫。**若按《神操》的主張，一旦人開始做神操，就是有了一個主的召叫。同樣的，會參加基督生活團，也是因為體驗到一個召叫。因此在做神操的過程中，人都要好好的做選擇。

依納爵從蒙召到選擇的經驗

我們可以從依納爵的經驗來了解從蒙召到選擇的過程。

依納爵在悔改之初，對未來並沒有什麼計畫，他只想到耶路撒冷朝聖，用非常刻苦的方式前去。他希望能一輩子活在耶穌所生活過的地方，也在靈修生活上幫別人一點忙，或以言行讓非教友的旅行者獲得一些啟發。然而，令他出乎意料的是，方濟會的會長取出了教宗的文件，告訴他不可以留在聖地生活，因為有許多安全上的顧慮。在知道無法留在聖地之後，他必須做另一個選擇：回到西班牙。

在他返回西班牙的路程中，經過非常複雜的路段，路途遙遠，又遇上西班牙和法國的戰役，兩次被抓，經過千辛萬苦之後，終於回到西班牙。在這趟漫長的路途中，他有足夠的時間可以思考：他傾向先花一段時間讀書。後來我們從《自述小傳》中知道，這「一段時間」總共是十二年。這件事對後來教會的影響很大。如果當時方濟會的會長沒有命令依納爵離開聖地，今天就不會有耶穌會的種種一切了。

選擇不是挑揀一個選項

依納爵在《神操》中使用了一個字：election。這個字和 option 不同。option 的意思是在一些可能性中挑選一個，而 election 在教會中則有很豐富的背景。依納爵故意用了這個字，為了承繼教會內的豐富意涵。在《神操》第一週和第二週的過渡中，祈禱者要做〈耶穌君王的號召〉的默觀，人要答覆天主，若無法對此做答覆，便無法進入選擇，由此可見選擇先於派遣。

我們也從《舊約》的盟約來了解召選這件事。天主選亞巴郎，為了和他訂一個盟約，主召叫梅瑟也是為了藉著他與以色列建立盟約，這個盟約也包括以色列要做一個選擇。若蘇厄講得很清楚：「你們要選擇要侍奉哪一個神。或是你們的祖先在大河那邊所侍奉的神，或是本地的人所侍奉的神。你們要選哪一個呢？至於我，我和我的家人選擇侍奉上主[23]。」一旦選擇了，就進入了愛的盟約。先知們常常是用婚姻關係來表達愛的盟約。如同一對相愛的人選擇了彼此，而建立愛的盟約一樣。

23. 參閱《若蘇厄書》廿四章 15 節。

做神操的人一旦開始做神操就進入了這個愛的盟約：「我們所願意、所選擇的，只是那更能引我們達到受造目的之事物」（神操23）。

以選擇回應愛的召喚

這個過程自有他辛苦的一面。不是要選擇那些從客觀角度來看是最好的，例如，傳統上認為修道才是最好的一條路。如果正確答案是選擇客觀上看起來最好的一條路，那就沒有什麼好選的了，反正大家都一樣，選那公認最好的就對了。然而我們所說的是：選擇對我此時此刻最好、最能配合天主旨意的。可以說，**天主以祂的計畫來召喚我，而我以我的選擇去回應祂，這樣，我和天主之間互相訂立了愛的盟約。**

在這過程中重要的是反省自己的能力。《路加福音》中有兩個類似的例子：就是打算要蓋一個大樓，先要算算看有沒有足夠的預算；或是要打仗之前，如果只有一萬士兵，卻要對抗兩萬的敵人，那麼則要盤算一下，是否有足夠的把握打贏這場仗（參閱十四章28－31節）。依納爵說：「還當注意做神操者的性格和環境，以及他在實現所許諾的事上可能遇到什麼幫助或阻礙」（神操14）。選擇的困難在於權衡自身及生活周圍的情況，要了解自己的個性、考慮周全，做適切的、平衡的決定。不是以一般人眼中最好的目標為首選，不是齊頭式的，而是個別考慮，適合自己的就是最好的。

目標才是考慮的重點

有些人有聖召，但是生活情況並不允許，他可能需要照顧父母，所以可能是暫時和修會保持連繫，直到父母過世才入會。若是男性遇到類似的情形，他差不多是無法修道了，因為沒有人在五十歲才開始學拉丁文，才開始讀哲學、神學，為了能做神父。此時，可能就是做終身修士了。這樣的選擇不是因為個性，而是生活環境不能配合。因此，選擇時所考慮的不只是當時的情況，而是目標，最後的目標。不是做了這樣的選擇將給我開一條什麼樣的路，而是這條路將通到哪裡？會不會領我到達我受造的目的。

我們曾經學過在選擇的時候用一張紙，將紙分成兩半，在兩半當中分別寫上不同選擇的優缺點，所考慮的事項……等等，但是要留意的是不只在紙上做考慮，同時要看這個選擇是否吸引我。

體驗到神慰和神枯

重要的不是我想些什麼，而是應該體驗（經驗）到天主，被吸引到某個方向上。做神操的過程中，要先默觀耶穌的公開生活，之後才是做選擇，也就是要先體驗到天主在吸引你走向哪個方向。

從天主的立場來看，天主的推動力有時可能和我的願望不同，不能配合我的理想，或是我的看法，因此，會出現一些不舒服的感覺，可能會有些反感或失望，此時會出現神枯。此時如果繼續堅持，就是依納爵所稱的「對抗神枯」，那時可能會比較平衡，會看見天主的光明，體驗到天主的吸引。在神學歷史中有一句聖奧斯定的名言：「不可勝過的吸引」，說的就是天主的吸引力不可抗拒，人喜歡這個被吸引的感覺，就自然的趨向前去。這就是神慰。

依據三條規則做選擇

為了做一個健康且良善的選擇，依納爵提供一個選擇的原則：**由上而來的天主的愛推動人選擇一個目標**。因此做選擇的人首先在他內體驗到，他對所選擇的對象的愛，純粹只是因為創造者和主的緣故。我將之簡化為三條規則。

第一，選擇因愛而來，因此選擇不是一個結論的執行，而是一個愛的答覆。感動不一定是愛，感動有許多層次，可能是一時的情緒，因而選擇不能依靠一個感動，而是愛。

第二，這愛是由上而來的。天主的愛在耶穌身上展現出來，使耶穌降臨人間，將愛表現在世上。我們看到天主透過耶穌表達了對我的愛，因此使我有力量克服我的反抗和反對的情緒。

第三，推動我選擇某事的愛，應來自對天主的愛；因此做選擇的人從一開始，便感覺出他對所選擇的事物的愛，不管是多或少，純粹是為愛造物主之故（神操184）。這是我們的答覆，因為我們體驗到從天主而來的愛，因而以愛回覆上主。我在我內體驗到我所愛的、所選擇的，也是天主愛的；我所喜悅的也是天主所喜悅的。

讓天主受到更大的光榮

我們所做的選擇是要為天主做更大的服務，更愛天主，愈顯主榮。「更」的精神並不在於和他人做比較，而是在侍奉天主的程度上，我自己的層次一級比一級更高、更多、更深。我在面對多樣事情的選擇時，若天主能在某一事情上獲得更大的光榮，那我就選這個。

天主在天上的光榮是絕對的。所以依納爵每次仰望天空都得到很大的鼓舞，他似乎穿透星空，看見天主的無上光榮。我們在地上無法做到天主絕對的光榮，但至少願意天主獲得「更」（*Magis*[24]）大的光榮。

選擇在《神操》第二週進行。做完〈兩旗默想〉及〈三等人默想〉之後，第五日開始默觀耶穌的公開生活。一邊默想耶穌的奧蹟，一邊也對照自己的生活情況，考慮做選擇。在這過程中多多體會耶穌對自己的吸引，也參照自身的狀況，如此不知不覺就到了做決定的時刻。做了決定後，將成果奉獻給天主，第二週就完成了。接下來的第三、第四週就進入逾越奧蹟。

24. *Magis* 是拉丁文，英文是 more，中文是「更」，這是依納爵靈修的關鍵概念。有人以為天主要我們做更多，可是依納爵希望我們注意到的是「更深入」、「更好」。再也沒有比 *magis* 更激勵人心，提醒我們不能每天日復一日做著同樣的事情而自滿。

請天主堅定選擇的結果

選擇是人做的，但前提是這是天主要的，是天主喜歡的。我們在天主面前做選擇；我們選擇天主已在我們心中讓我們體驗到的。因此，在選擇這件事上，我們不是只依靠理智，而是該在祈禱中，得到天主的肯定。「**如果真能用來多多事奉、讚美天主的話，望至尊的天主肯收納、堅定它。**」（神操183）意思是天主願意你用這樣的方式來讚美祂。這是選擇的條件，若不然，自己做自己的決定，就沒有所謂的「被天主派遣」。選擇是做了天主悅納的決定，呈現給祂，請天主堅定我的選擇。天主准了我的選擇，因而我的生活、我的選擇就是被天主派遣的。

基督生活團團員在做暫時奉獻時，需要有某種神操經驗。而做永久奉獻時，則需要有完整的神操經驗，對工作中的教友而言，這指的是做完整的日常生活神操。這樣的要求並不是來自一種習慣，或是因為其他國家的基督生活團是如此，我們也照做，而是因為本質上就如此要求。基督生活團團員若真是一位被派遣的使者，過著使徒的生活，就應當透過神操的過程而選擇基督生活團的生活方式，並將此選擇奉獻給天主，由天主收納而堅定。這樣的結果才是符合依納爵靈修的精神。

▶你可能不知道……

暫時奉獻和永久奉獻是什麼？

在生活中，常常有類似試用的時期。像是工作，老闆要看你有沒有能力，做到他所期待的標準，你也要先看看，老闆有沒有提供你所期待的條件，還有這是不是你想要的工作。

同樣地，結婚以前，最好有一段時間彼此認識，包括背景、個性、習慣、價值等等。基督生活團的奉獻也有點像是這樣。

一個人被邀請參加團體，或者是他知道有這樣一個團體而想要加入，當然雙方面應該要有認識的時間。我要想一想，我參加這個團體想要得到什麼，我可以提供什麼，他們的生活方式，包括祈禱的方法等等，能夠給我多少的幫助？幫助我實行我自己的使命，在實際的生活完全答覆天主的召叫。

一旦我認識了這樣的團體、認識了它的生活方式、認識它所能用以幫助我的工具，我應該進一步問：「這樣的一個團體，能幫助我找到我在教會中的位置嗎？」具體的講，是要問自己、分辨：我要以什麼樣的聖召答覆天主的召叫？如果這個團體能幫助我分辨我的聖召，那我就做暫時奉獻。名詞叫作暫時奉獻，並不是說以後打算要離開這個團體，而是我分辨的結果，也許是我應該以特殊的方法答覆天主，做神父、做會士、做修女等等。那時，我自然失掉了基督生活團團員的資格。

然而，一旦分辨聖召有了結果，我已經決定答覆的是平信徒的聖召，因此，我能進一步加深與這個團體的關係，當然，也應該分辨，我的召叫是不是參加基督生活團，因為在教會內還有很多其他的團體。如果你只認識一個團體，不一定是因為這個適合你而做奉獻，可能只是因為你不認識別的。倘若在分辨後，你認為這是天主所為你安排的道路，那就慷慨、勇敢、喜樂地在生活團的兄弟姊妹面前，許諾要一輩子過這樣的一個生活，這樣就是永久奉獻。

（本文由穆宏志神父口述，基督生活團團員徐仲秋整理）

當無法執行所做的選擇時……

有時候天主並不讓我們執行我們的選擇，這時我們應該要有勇氣面對。我很辛苦的做了選擇，認為天主推動我做這樣的選擇，而後奉獻給祂，但是我卻沒有得到天主的答覆。這並不是因為我的選擇做得不好，或是天主不要，而是天主收納了我們的選擇之後，不要我們執行它。《舊約》亞巴郎獻子就是一個很好的例子。

亞巴郎聽從天主的命令將獨生子帶到山上，準備獻上孩子的生命。天主明白了亞巴郎的信德，知道他願意超脫自己對獨生子的鍾愛，堅信天主的許諾；祂肯定亞巴郎並沒有將兒子的性命看得比天主的許諾更重，於是中止了執行的行動。但是話說回來，很多時候，天主悅納並讓人執行選擇的結果，那時，考驗也來臨了。

克服神枯的方法

我們真的需要多多吸收耶穌在逾越奧蹟中所展現的態度，看祂如何面對痛苦和死亡。我們應該吸收祂在走向死亡之路上每一個步伐所充滿的愛，為了學習克服我們在神枯或受誘惑、失望的時刻，能堅持我們過去所做的許諾，而以忍耐來保留我們心中的希望。學習整理我們的行動，走向愛的渴望，而同時接受被愛的恩寵，將之當成是一個恩賜之物，而不是一個債務。因為愛我們的心就是偉大的耶穌的聖心，這愛是白白給的，因此在情緒低沉時仍要堅信天主的愛。

有時我們不自覺的將天主對我們的愛當成一種債，總想做些什麼還給天主。其實更重要的是接受這白白給的愛。天主愛你，不是為了要你為祂做什麼。天主愛你，是因為祂好，因為祂喜歡愛。祂並沒有要別的，祂只要愛你。這是很不容易接受的，唯一的辦法是看耶穌的苦難，因為耶穌的苦難就是祂白白給我們的禮物。透過耶穌的愛，我們接受天父聖心對我們的愛。

成功不是喜樂的理由

我們選擇的時候體驗到喜樂，在默觀耶穌復活的奧蹟時也充滿喜樂。我們這才發現我們做選擇時的喜樂，是從耶穌復活的喜樂中來的。默觀耶穌復活的奧蹟，幫助我們將喜樂的目光放在天主，而不是在我們的成功上。《路加福音》中有一段記載（十章17－20節），門徒們歡喜的回來向耶穌報告，連惡魔都屈服於門徒之手。

耶穌對他們說：「你們不要因為魔鬼屈服於你們的這件事而喜歡，你們應當喜歡的，乃是因為你們的名字，已經登記在天上了。」喜樂的理由不是因為我成功，而是因為天主，天主了解了、接受了。我們願意從這樣的歡樂中得到力量，為能繼續往前邁進。我們渴望得到神慰（增加信、望、愛，如同瑪達肋納、伯多祿、往厄瑪烏走去的人等等）。我們願意愉快的、繼續不斷的聽耶穌說：「如同父派遣了我，同樣我也遣你們。」

使徒身分被肯定

《瑪竇福音》記載耶穌的最後一句話，說：「我同你們天天在一起，直到世界的終結。」奉行神操者最後的高峰是獲得愛情的默觀；這是從上而來的喜樂。在我們進行了這個神修主題後，這句話對我們的重要性已經不只是一個安慰的許諾，而是肯定我們的身分。因為耶穌跟我們在一起，祂是天父派遣的，我們天天和耶穌在一起，我們同在父、子、聖神的派遣鍊中。因此無論我們此時此地做些什麼，我們過的是使者的生活。

第六章　我們的生活就是使命

談到使命的內容，我們首先要強調一個觀點，那就是「生活就是使命」，並不是我們在日常生活之外，特別做些什麼才算是使命。我們以耶穌的生活來做說明。

天主為王

耶穌宣講天國的來臨，天國就是「天主為王」的意思，但祂的宣講和《舊約》先知的宣講是不一樣的。先知只能預言，但耶穌卻能建立天主為王的生活。以天主為王的生活，就是人活在承認天主為王的狀況中，因此天國並不是一個國度或是有疆界的王國。人因為被罪惡所控制，無法承認天主為王，因為他的主人是罪惡。保祿在給羅馬人的書信中很清楚的表達：耶穌是沒有罪的那一位，而且是除免世罪的天主羔羊，正因如此，耶穌才能建立天國。

▶你可能不知道……

天國是天堂嗎？

關於天國的意義，按《瑪爾谷福音》一章14節所說：「時期已滿，天主的國臨近了。」耶穌的目的是宣講天主的國，那不是一個地方，而是一個狀況，是承認天主為王的狀況。耶穌宣講並建立天國，先知只可以預報天國而不能建立，但基督是除免世罪的羔羊，祂建立天主為王的狀況。撫養耶穌長大的聖家，是以天主為王的家庭，聖家就是天主的國存在的狀況。耶穌驅魔也是顯示天主的國已經來臨。我們基本的使命是讓天主在我們內，建立和生活出天主的國。

耶穌藉著祂全部的生活（不只是公開宣講的那幾年）建立了天國。因此，住在納匝肋的那幾年時，祂已經在建立天國，至少是在這一家開始並且有了成果。而耶穌在納匝肋的生活也就是基督生活團團員的生活，因為大部分團員過的就是家庭生活。

耶穌的臨在比祂的宣講更加表達了天主為王的狀態。法利賽人要求耶穌給他們一些天國來臨的徵兆，耶穌對他們說，天主為王的國已在他們當中，也在他們內。「在他們當中」，是因為耶穌臨在他們之中。「在他們內」，意思是藉著耶穌，他們也分享天主為王的狀況，能進入到這個狀況中。耶穌醫治人、驅魔，都是天主為王的表現，因為天主做王，魔鬼就沒有了位置，只能退去。

全部的生活就是使命

耶穌的宣講則是在解釋「天主為王」的事實。我們常常認為，救贖就是在十字架上發生的一件事而已。事實上，從我們的立場而言，救贖也是在建立天國，而耶穌是在整個生活中將天國實現出來，祂從降生成人的第一分鐘開始，就是在建立天主為王的情況。因為救贖不是一個過去的事件，反而是一直到現在，是「一位」。如同耶穌說：「我是道路、真理和生命」，同樣，耶穌是救贖。

我們不要將耶穌的生平階段化，將救贖歸在十字架上的那個時刻，而將使命歸給公開生活的那幾年。事實上，祂用整個的生命宣講天主為王的狀況，也為人贖罪，因此他的整個生活就是使命，就是救贖。如果不是這樣，他在公開生活之前，在納匝肋的那麼多年就沒有意義，而祂也不必在納匝肋生活，浪費那麼多年的時間，只需要直接在耶路撒冷上十字架，直接救贖就完成了使命。

這樣我們以耶穌的生命為範例，在解釋使命的內容時，便有一個正確的基礎：全部的生活就是使命。如此我們也要看看，我們是否能以全部的生活為我們的使命，過一個使徒的生活。我們應該將使命的意義充滿在我們全部的生活中。因為我們也該以我們的生活建立天主為王的狀況，為的是我們能以我們的言語宣報祂。

活得像個受造物

要做到如此，首先要生活在天主的國中，意思是讓天主成為我生活中的王，以天主為生活的中心。要注意，我們身為受造物，我們以天主為王其實靠的並不是我們的力量，是因父、及子、及聖神之名才做得到。我們因主耶穌基督之名而過這樣的生活。

我們承認，在生活中要讓天主為王其實是有我們的限度的。能這樣生活是因為我們有天主子女的自由，天主解放我們脫離各式各樣的惡，我們才有自由決定我的生活方向，決定我的價值取向，以基本抉擇[25]表現我的人生方向。

除此之外，尊重別人的尊嚴和自由也是建立天主的國：建立一個友愛、分享的

25. 這是一個倫理上的說法，意思是人要針對是否跟隨天主做一個根本的選擇，如果選擇跟隨天主，那麼之後其它的決定都是為了實踐這個根本的選擇。一旦人決定跟隨天主，那麼就會面臨要選擇用什麼樣的生活方式（入修會／獨身奉獻／結婚）來過一個跟隨天主的生活。

人際態度（不是競爭或搶奪）。

不要忘記我們和整個宇宙的關係。面對受造物需要用一個充滿愛的謙遜的態度，這是非常基本的態度。可以說，**以一個受造物的身分與態度來生活，就是我們的使命。**

活得像個被救贖的人

我們確實是受造的，但同時也是被救贖的人，因此也要活出被救贖的樣子。我們有時會面臨一個誘惑，就是不接受自己是受造的，而願意眼睛開了「如同天主一樣」，而這就是那條蛇誘惑人的話。可是，人只能將自己神化，卻無法將自己變成天主。我們依靠天主的恩寵，才能分享天主的生命，也意識到我已經在過著被救贖的生活。

恩寵使我分享天主的生命，也使我體驗到這樣的一件事，因而帶來符合這個體驗的生活，就是去過「宣布天主的國」的生活。

這一切不應該讓我們忘記需要用言語宣報這個事實。耶穌等了三十年才開始，而後用非常有力的方式，宣報天主的國。《神操》中，天主召叫人時問道：「誰願意來跟我一起工作」，因為祂做了，我們也該和祂一起做。這樣，世界變成使命的所在：從自己的生活以及周遭的一切開始驅魔；以自己的生活宣講福音，如果有必要的話，也要以話語來宣講。

幫助人靈

依納爵在書信、《神操》、《會憲》及《自述小傳》中常會用到「幫助他人的靈魂」這個說法，依納爵這樣說是有他的時代及神學思想的背景。有時我們為亡者祈禱時，也會說為他的靈魂祈禱，但其實這是不太適當的說法。因為我們為亡者祈禱，其實是要為他整個的人祈禱，不應該分開身體與靈魂。

依納爵尤其常常在《自述小傳》中提到「幫助他人的靈魂」，每次提到時，又和「尋求天主的最大光榮」分不開，也就是愈顯主榮。

依納爵從在羅耀拉家中養病開始，就不停的和人來往，「為幫助他人的靈魂」（自述小傳11）。從一五二四到一五三九年間的記錄中，不停的有這樣的一句話出現。他和夥伴們決定，假如不能去聖地，那就到羅馬，將團體呈獻給教宗，任宗座派遣他們到任何地方，為實現天主最大的榮耀和幫助人靈（自述小傳85）。依納爵在茫萊撒時，曾經極端的克己，不注意自己的外在，但他發現髒亂的外表阻礙了自己與別人來往的機會，使他無法實踐幫助人靈的目的，於是他修正自己的做法以達成幫助人靈的目的。

同樣的，他從耶路撒冷回來後，開始讀書，也是為了達到幫助人靈的目標。但他從來沒有考慮過要等到學業完成後才開始協助他人。因這個緣故，他從阿卡拉到沙拉曼卡，又到巴黎讀書，都是為了同樣的目標。

以尊重為前提

在幫助人的時候，有一個非常重要的基礎是「尊重」，因為人是天主的肖像。助人工作會使天主的光榮更加榮耀，因為是協助人更加發揮天主肖像的那一面。

尊重的第一步是接納，接納完全的他，接納他之所是，因為天主就是這樣完全的接納他，因此我們也要這樣做。這包括每個人不同的個性，不同的習氣，不同的特點，不同的表達方法等等。這些不同點正造就了「他」這個人，如果開始改造他，那麼他就不再是他了。

我們也許應該注意到「幫助」這個動詞。每個輔導都該留意這件事：要尊重每個人的特點，不是將他改造成輔導所認同的樣子，而是「幫助」他。我了解父母在教養孩子的過程中，有一定的時期是要塑造子女，朝向父母認為正確的樣子發展。但是在孩子的成長過程中，尊重是必要的。幫助不是壓迫或強迫，雖然有時我們會認為這樣為他更好。值得想一想的是，這是真的為他更好，或是為我更好，或是我認為會為他更好。要注意的是，我不是他，我不見得比他更了解他自己。無論如何，尊重比強迫好，強迫有可能使子女更加反抗，尊重反而可能會在某一天結出好的果實。

善意看待別人的發言

在助人的過程中有一個重要的事是使用「話語」，因為我們必須使用語言來表達。我們以做神操為例。指導神操者和奉行神操者之間必須有一種互動，那麼在交談中，我們該如何面對他人的話呢？

在依納爵的時代，關於靈修輔導和講授要理是非常嚴格的，他也常常被檢查及質疑。所以，依納爵強調應該相信每個人心中都有聖神的臨在，常該善意的看待彼此。當然同時不能忘記，人也可能被惡所引導，所以常要注意到這兩方面，才能以愛幫助對方。

我們看《神操》第22號〈預先聲明〉：「講授神操及奉行神操的人，為能彼此合作獲得益處，應預先擬定：任何善良的基督徒，對別人的言語，常該爽快地加以善意的解釋，不可輕易批評；如果無法善意解釋，就該詢問那說話的人是什麼用意。倘若他懂錯了，便可予以善意的糾正；倘若這還不夠，便該試用一切適當的方法，使他認清真理，避免誤入歧途」。

這個〈預先聲明〉很重要，強調不要在談話之前先有了判斷。在我們的經驗中，我們總是想要儘快的在以為抓住了對方的意思後，立刻做判斷給出回應。我們不是常會聽到別人說：「對不起，請等一下再回應，我還沒講完呢！」如果我們接納對方，我們比較會聽完他說的話，而且會稍等一下再有所回覆。若是在他人說話之後立刻回答，我們給出的常常只是反應，而不是答覆。因此我們應該需要一些反省之後，才能給他人一個答覆。

愛的謙遜

這裡要重新強調「愛的謙遜」的態度，這樣，我才能意識到對方正要和我說什麼要緊的話。我和他人談話，不是為了判斷，更不是為了論斷他，是為了對話、交談，看重對方正在和我談話；某種程度上，他將自己交託給我，所以我應該尊重他，看重這個交談。這是一個必要的步驟，使我們的溝通有效。我們應該先接受人，而後才會接受他的話。

若他說的話是不對的，是受到惡神的影響，我因為關心他，不願他留在錯誤中，我願意改善這樣的狀況，我便會以愛來修正他。因為我對他有尊重，我以愛的謙遜看待他，若他還是堅持他的錯誤，那唯一的答覆只能靜默，尊重的靜默。也許用一些動作表達，例如一個靜默的微笑，使他知道我不接受他的話語，但是接受他的人。我會表示願意和他繼續來往，但不會以他錯誤的話做為我們來往的基礎，也因此可能要開闢另一條路繼續和他對話。

正確的意向先於一切方法

我們做事的樣子、行事為人的格調，通常表達出我們內在的靈修。也就是說，當靈修不再是一個抽象的概念，轉而具體進入到我們的行動中，此時就會展現出某種特別的格調，因為靈修影響到整個的人。耶穌會初期的夥伴們常常提到這件事。

我們做事的樣子，是透過一些方法達到一個目的，所以首先要清楚我們的目的，知道我們到底要做什麼。

我們的目的是尋求天主最大的光榮和幫助別人，或說藉著幫助別人而成為聖人（一個真正讓天主為王的人）。我們在主內與主一起生活，同時也接觸到在世界中的人。我們棄絕世俗所擁抱的，而接受基督所愛、所擁抱的（與世俗相反）。

我的意向只有祂

從上面所說的可以知道，在我們的目的和做法中有一個張力存在。為了避免這個張力，依納爵用「簡單的眼光」來表達如何執行「正確的意向」，因此首先要分清楚什麼是目的，什麼是方法，因為我們很容易欺騙自己，將方法變成目的，目的變成方法。依納爵在《神操》做「選擇」的操練時有提到這一點（神操169）。

我們所尋求的是天主最大的光榮和幫助人靈。我們都有一個肯定：只有天主是絕對的，其他都是相對的。因此，真正愛的泉源在天主內，不在我內。所以，我的意向只有祂，因為祂是唯一的絕對。這就是簡單的眼光。

基本的態度

所以，這裡有一個基本的態度：愛受造物，如同天主愛他們一樣。依納爵用另一個說法是：在天主內愛一切，在一切之上愛天主；這樣，我們就可以做到〈基本守則〉所說的：在一切事上尋求並找到天主。

這樣只以天主為目標和意向也適用在祈禱中。我們看《神操》中的〈預備經〉就知道：「**求我們的主天主，賞我聖寵，使我的一切意向和行為，都為事奉讚美至尊無對的天主。**」這是每個祈禱的開始。我們在這裡祈求的是，所有的意向都是為事奉及讚美天主；然而這不只在祈禱時如此，而是所有的生活中的意向和行為都應如此。這也可以是一個祈禱省察的項目：想想我為了什麼而祈禱？在祈禱時，我尋求什麼？是要光榮天主，還是在找我的感覺、我的滿足，讓我體驗到我的熱心？這個態度會影響我整天的生活，讓我記得我生活的目的和我用什麼方法達到這個目的。

一個簡單的眼光、正確的意向，使我們不會一直和天主討價還價：「天主，我可不可以少做一點？可不可以不要……」。我們有了正確的意向，才能在世俗的環境中尋求天主，不輕易改變方向。沒有任何指南針會比內心渴望天主、愛天主，更能直接的引領我們人生的方向，更直接的走向祂。

▶你可能不知道……

基督生活團的〈基本守則〉

〈基本守則〉說詩張點就是基督生活團的憲法。〈前言〉訴說這個團體蒙受天主召叫的歷史，十分簡短扼要，接著在第一部分說明我們這個團體的特恩；第二部分是團體的生活和組織；第三部分論及基本守則之接受。這部憲法的條文總共十七條，但是要深入其中的精神並不容易，需要個人及團體體驗、祈禱，產生選擇這個生活方式的意願。

（本文由基督生活團團員徐仲秋撰稿）

第七章　從事使徒工作的準備與選擇

基督徒的基本使命首先是和基督在一起，其次是我們的生活，生活包括行動，那就是使徒工作。

恩寵是為了服務

我們所承受的恩寵，一切的塔冷通（talent），都是為了服務（使徒工作），為了實行使命。依納爵常常提到，要執行使命必須放棄自己，放棄自己所有的一切。同時他也不怕使用「效率」這個語詞，在合法的情形下，為了達到我們的目的，愈有效率愈好。被委託任務之後，更要喜樂、爽快且持續有恆的執行。這是聖神的記號，聖神會除去一切的阻礙，讓我們往好的方向前進。

先成為天主的工具

依納爵常說我們（使徒）是天主手中的工具。堪稱為工具者必須具備兩個條件，第一是順手好用，第二是能配合所要進行的工作。最簡單的例子就是鎚子。鎚子必須有一個把手，這樣才能拿得住，也必須有鐵鎚的頭，這樣才能釘得上釘子。這就是我們要說的。

我們首先需要與天主結合，為了能做天主要我們做的工作（使徒工作）。我們需要藉著祈禱接近天主，因為是天主使這些工作有了效果，否則我們可能辦了很多活動，但並沒有什麼做使徒的效果。《若望福音》說：「**離了我，你們什麼也不能作。**」（十五章5節）因此，我們首先必須先是天主的工具。

使徒的一個特點是仁愛、有正確的意向，有超脫的態度等等，這是為了讓工作有使徒的效果。因為天主在基督身上潔淨了人，進入到人當中，這樣超自然和自然雖有不同但不分開，這當中有一個連貫。因此無論是祈禱或行動，都是不斷的和天主對話。**如果人在每件事情中看見天主，那麼他的行動也就是祈禱了。**甚至天主和我們的來往，透過我們的行動比祈禱更有效。我們尋求這些，是為了讓我們做祂要我們做的工作，而不是做我們自己要做的工作。

祈禱是氛圍，不是工具

這樣與天主結合會讓使徒工作展現效力。有一個說法我不是很喜歡，就是把祈禱當做加油站，好像人祈禱後被天主裝滿了，會如同汽車加滿了油。祈禱不是使徒工作的工具，而是使徒工作的氛圍。祈禱是讚美並使人成為服務者，並不針對單項的服務目標。祈禱和使徒工作是連貫的，祈禱是為了使徒工作，因為每一個充滿天主的人，都會願意將這個狀況分享給別人。

另外，如果你有一個很好的工具能達到目的，那你應該好好應用它。我剛才講的例子是鎚子，還有另一個工具稱為螺絲起子。他們都有把手，但工具的頭不一樣，為了不同的目的，應該使用不同的工具。我們都應該與天主結合，但為了不同的使徒工作，也應該配合不同的方式。我們都是人，而且我們服務的對象也是人，因此要使用適於人的方法。依納爵認為適合人的方法應該用，而且越多越好，這就是依納爵靈修的精神。

善用各種方法，越多越好

「在使用各種方法之前，先該有個人的的聖化」，「聖母會」在昔時有這種說法㉖。因為自己越被聖化，所使用的方法越會達到效果。

首先該用的方法就是健康。依納爵說的是身體的體力，我們現在說健康的身體。如果沒有健康，就不會有力量從事使徒工作。比起中世紀，我們現在的健康狀態是好多了。但除了健康以外，還有什麼呢？那就是時間了。

依納爵在寫《會憲》時並不考慮這個因素，因為《會憲》是針對會士寫的，而會士一般來說都捨棄了家庭，不會被家庭的義務綁住，但基督生活團的團員則要考慮這個因素。生活團團員大都有家，對家庭有義務，因此不能要求他們在使徒事務的付出上，如同會士一樣多。不管在工作方面或家庭方面，團員都會有他的限度，不過，一旦有了使命的力量就會去做。

26. 「聖化自己，聖化他人」，在舊的〈基本守則〉中可以看到這樣的一句話。

了解信仰的內容

依納爵提到的第二方法是：嚴謹並深刻的認識我們信仰的內容。就是我現在說的：我們要懂我們的信仰，要明白我們說「我信」，其中的「我」和「信」是什麼意思；了解我說「我信唯一的天主」是什麼意思：「唯一」是什麼？「天主」是什麼？我們信什麼？

舉個例子，我們不是相信天主用「七天」創造了天地。這不是信仰，我們的信仰是「天主創造了一切」。至於怎麼創造，這不是信仰的問題，而是科學問題。歷史上每次有衝突，都是源自於一個領域侵犯了另一個領域：這個領域回答了另一個領域才能回答的問題。因此，我們應該懂我們的道理，這樣不必造成不同領域之間的爭論。

基督生活團團員需要多讀書、讀神學，為了更了解我們的信仰。然而，除了多一些信仰知識外，也要對自己所知道的信仰知識有信心。天主教的信友有一個普遍的誤解，就是認為自己不懂信仰的知識，或者認為自己懂得的很少，但其實並非如此。

這樣，如果我們不懂自己的信仰，我們就沒有辦法講出來；如果我們不相信自己有不錯的信仰知識，我們也不敢說出來。所以，為了能夠宣講，二者都需要。

學習如何宣講

還有就是宣講信仰的方法也很重要。輔仁聖博敏神學院有福傳組，他們學習很多宣講的方法，這是很對的。又或如接受卡內基的訓練，以便能合宜的將要理表達出來。我認為慕道班的講者最好不要是一位神學家，因為他的知識太豐富了，在單純講一個道理時，同時會想到許多其他的辨證，因而不停的在一個主題上繞圈子，對慕道者而言，這是很辛苦的。因此，很有學問的人不見得很會表達（我們常形容某人的學問很深，深得如同一口井一樣，然而一口很深的井並不容易讓人取得水源以便使用）。

和人建立關係

還有一件重要的事是，會和他人來往。我知道在人際來往中，能記得他人的名字是很重要的技巧。此外，我們也不會喜歡一個陌生的人在初次見面時，就開始向你傳教，因為彼此沒有建立任何的關係。所以，我們需要先花一些時間和人來往、談話，而後才可能有進一步的來往。建立關係的目的不是讓人「聽道理」，而是讓人「接觸基督，因而得到救援」。

最後，想像力也是一個重要的能力，發揮你要講的內容，使你所講的內容更清楚、更活潑，更易被接受。判斷力也很重要，知道何時該停止說話和傳道，否則就是壓迫他人。

這些都是天主給的才能，並不是每個人都有一樣的才能，所以要按照個人的能力和對象來發揮。這些能力都應該好好準備，好好的應用。

像依納爵一樣花時間學習

任何的學識都需要花時間去學習，我們的信仰知識也是。就如同任何語言、法律、會計等等，需要花時間學習，教會內的學識也一樣。讓我們看看依納爵的例子。

依納爵悔改的過程中，認為該做很多的克苦，最好是在前往耶路撒冷朝聖途中，一路做克苦、一路前行，而後留在那裡。這個願望最後沒有達成，於是他回到巴塞隆納。

曾有一度他行乞為度貧窮的生活，後來決定要讀書，所以先學拉丁文，因為大學都用拉丁文上課。他在開始讀書時已經三十三歲，等到能全力投入於使徒工作上時，至少過了十一年。在這個過程中他並不認為是在浪費時間，他自己體認到學習的重要，也如此傳承了這個看法，要會士們好好善用人間的學識和方法。

天主所給的才能並不是立刻可以應用的，需要經過準備，變換成社會可用的形式以進入文化的世界（本地化），就好像一張一千八百萬元的支票，不能在星巴克買一杯咖啡，需要先換成零錢才能使用。這種形式的轉換是使徒工作最大的挑戰，也是最需要準備的（例如面對知識分子傳講信仰的內容時，需要有足夠的理由來使人信服，所以需要用天主給的塔冷通好好準備）。

分辨神類

我們在前面一些章節中已提過分辨神類。為了選擇生活方式，或為了選擇使徒工作，我們有相同的原則需要遵守，就是應該繼續不斷的分辨，我所做的是否是天主要我做的。我們從教會的歷史中可以看到許多不太理想的情況。

哪一個才是耶穌的方法？

君士坦丁皇帝接受基督，因而全國都信了主，但其實這不是好的模式。方濟・沙勿略去日本，以教宗代表的名義去交涉，想找中央負責人，而後聽到中國，知道中國是皇帝管的，於是想到中國找皇帝，因為只要皇帝接受了信仰，疆域下的人們就全都成了基督徒。這是想用權力來宣講福音，但這不符合福音的樣子。

利瑪竇說他打開了中國福傳的門，這可以接受，因為他和官方保持了良好的關係，使得福傳工作阻力減少，也許在鄉下就會用貧窮的方式宣講福音，若是如此，這就是一個可以使用的方法。因此從事使徒工作時，需要提防任何和錢、虛榮、權力有關的因素。不要太強調或依賴這些，它們也許在「開門」時可以用，但並不是宣講的方法。這點在《神操》的〈兩旗默想〉中說得很清楚。

我們應該反省的是，我們常常傾向要用比較「有效」的方法從事使徒工作，然而到底是在哪方面有效力呢？我們常說教會該有「能見度」、「被看見」、「曝光率」，然而「曝光」是為了什麼？為了知名度？虛榮？還是福傳？這真的是耶穌的方法嗎？這一切都需要依靠分辨神類來權衡。

誰在攪動你的情緒？

另外一個要分辨的是頹喪和失望的情緒，也就是神枯。使徒工作也會有神枯，但我們不能因為神枯而停止。在我們的經驗中，每個生活團都經過很深的神枯期，藉著這個神枯卻得到淨化。每個團體都曾經有團員流失，而且流失的量是很可觀的。曾經參加過的成員比留下來的團員大約多五到十倍。這樣的神枯在使徒工作中是免不了的。

我們需要分辨這些失望和頹喪的感覺是從哪裡來的。是從天主來的，或是從魔鬼來的？也許是善神在提醒我，我正在做什麼不對的事；或是聖神提醒我，耶穌在地上實行最多的美德是忍耐，所以常需要忍耐；或者遇到一個事實，惡神趁機向你說一些喪氣話，讓你失望、放棄。因此要注意的是，究竟是誰在攪動你的情緒？

神慰不一定來自天主

另外也要注意，不要將某天很high的情緒當成是神慰，那可能是一個安慰，但不見得是從善神來的。例如某天覺得很成功，某個方法很有效、很高興，但是下一次，這些成功都不見了。由於溫暖與興奮有時也會從惡神來，所以要注意分辨。

從天主來的神慰會讓我們高興，因為我們參與了祂的工作，有些效果，我們會感謝天主。如果神慰是從我們自己來的，那麼這些歡喜快樂會過去，因此最好是有正確的意向，懷抱著正確的目的，並清楚的知道：我為了什麼而工作？我工作的目的是什麼？

以僕人的態度做使徒工作

我們常說我們在服務，但事實上，這可能只是外在的形式。**服務其實是做僕人，這是一種內在的態度。**「服務」是比較正面的字眼，若用「僕人」（servant）這個字，感覺上比較沒有地位，但比較接近外文（服務：serve）。要分辨自己是不是真的在服務，還是只是外表做做樣子，就是要看看我們是不是以僕人的地位和態度去做使徒工作。

世俗的價值觀和方法太容易進入教會和我們的行動中，因此我們很容易為了自我的需求而忙碌，不知不覺的把服務的對象變成了工具：我需要滿足我做服務的感覺。那麼，重要的究竟是誰？是我自己，還是我所服務的對象？我們的目標是要讓他們有更豐盛的生命，而不是我得到更多的成就和榮耀，因此人是主體（本身就是目的），人永遠不能變成客體（工具）。

易受誘惑的職務

在基督生活團中有許多服務的機會，而其中輔導（Ecclesiastical Assistant）的職分最容易受到誘惑。當我們和團員面談時，我們是提供服務（以他為主），還是尋求自己的成就感（他變成一個工具）？如果是服務，當他不願意和我談話時，我不該生氣，因為他有權拒絕我的服務。如果我生氣，意思是我有權力要他來和我談話，我要管轄他的生活，他拒絕來談話就是侵犯了我，我就要生氣。生活團團員有不少人擔任團體的輔導，也漸漸的做了生活的輔導，此時就要特別注意這個僕人的服務態度。

以謙遜對抗驕傲

依納爵在《神操》中不停的以耶穌為模範：「祂沒有來受人服侍，卻服侍人，並且為所有人捨棄自己的生命」（《瑪爾谷福音》十章45節）。「祂雖是天主子，卻謙抑自己，取了奴僕的形式，看起來就和一般人一樣」（《斐理伯書》二章6、7節）。《神操》中不停的教我們要和基督一樣「愛慕神貧，捨棄財富；甘受輕慢、凌辱而不要世俗的尊榮；寧願在此世被當做是個瘋子，而不要被尊為明智博學之人」（神操167）。謙遜、愛貧等等是一個內在的態度，而不是外加的，這只能從愛的眼光中散發出來，因為耶穌就是這樣，我愛祂，所以我願意和祂一樣。這是不可修得的德性，只能讓天主獲取我，使我過這樣的生活。

貧窮的神修其實也不是外在的窮苦表現，更好說是〈基本守則〉所說的，過一個簡樸的生活，為了使命而保持自由，不然世俗的價值觀很容易影響我們，我們也可能在這方面壓迫到別人。我們不必特意尋求侮辱，只要過貧窮的生活，別人自然就看不起你了，因為世俗瞧不起弱者，無論是沒錢、沒地位或沒名聲，都不被看好。連做同樣的工作，單只是外表不一樣，都會得到不同的對待，看起來比較有錢的人會得到比較好的對待。我們只要過貧窮的生活，謙遜跟侮辱自然會跟著來。

以聖母為典範

我們這樣的生活是以耶穌的母親瑪利亞為模範，她稱自己為主的婢女，天使向她報喜時，她沒有隱藏自己的卑微，絲毫不擔心一旦承認自己是卑微的，天使就會走掉。她拜訪表姐時，也說天主眷顧了她的卑微。

依納爵在悔改的開始就以聖母為他的典範，起先他想要追求貴族的婦女，想著討好高尚的女士，這樣的情緒慢慢的被瑪利亞改變過來。從他在家中養傷的房間窗口可以看到遠方的聖母小堂。他在去蒙賽辣的途中經過阿蘭撒蘇，藉著聖母奉獻了他的守貞願，到了蒙賽辣之後，完全奉獻自己，將寶劍和匕首掛在堂中的聖母像前。依納爵看出要效法耶穌，就要看祂的母親有怎樣的態度。事實上，一五三四年，依納爵和同伴七人，就選在聖母升天節日，在巴黎近郊蒙馬特（Montmartre）地方一起發了神貧和貞潔願[27]（當時尚未成立修會，所以沒有服從願）。當時他們所宣發的第三個聖願是去耶路撒冷。

隨時待命的婢女與僕人

《神操》第二週開始，我們做耶穌基督降生成人的默觀。在那裡依納爵請我們看我們的主母如何謙抑自下的接受天使的宣報，並感謝至尊的天主。她表現出婢女的態度，完全接受天主。因為一個婢女本來就沒有什麼權利，工作也是應該的。這種謙卑的態度幫助我們感謝所得到的一切，而一切都是從天主而來的。因此若是我們在工作中真有所成，就該感謝讚美天主，一切歸於祂。也因此，我們常常用瑪利亞的〈讚主曲〉讚美感謝天主。

僕人的態度最重要的就是隨時待命，不要更高，也不要太低。這幫助我們適當的展現，並準備好為了實行他的使命，隨時可以被派遣。使命不只由天主所賦予，也可能會被解除。一旦被解除也需要一個接受的態度，就像接受使命一樣。隨時待

27. 參考《聖依納爵自述小傳・心靈日記》，第 85 號，註 110。

命是一個記號，表示人已經達到我們靈修所說的整合和成熟的狀態。

選擇使徒工作的標準

和夥伴們一起

首先是團體的層面。依納爵很早就開始和夥伴在一起，他還沒打算要組織修會之前就找人一起合作。而到最後，那些朋友們決定要結合成為夥伴團體，為能更有效的幫助人，而且彼此之間又可以有更多的支持與了解。大家團結合作可以達成一個人很難完成的任務。夥伴團體使成員之間無論身體的距離有多遠，仍有團體歸屬感[28]。

與依納爵一起的那幾個人在建立修會之後，立刻願意擴大這個團體。他們無論到任何城市，都和人分享他們的理想和工作，於是開始有一些團體建立起來。其中產生的平信徒團體中，漸漸地有一些消失了，最後留下來的就是到現在已經超過四百五十年歷史的「聖母會」，也就是基督生活團的前身[29]。如此我們可以看到，

28 基督生活團在團體歸屬感上面仍有很大的進步空間。也許有些人對自己參與聚會的團體有認同感，但是對大團體的歸屬感還是比較弱。
29. 關於這段歷史的演變，請看本書第 237 頁專欄七。

依納爵創立的團體願意與分享他們精神的人們有更大的聯結，因此除了修會以外，他們也願意與平信徒的團體聯合一起。

合作

第二個原則是合作。一五三五年依納爵從巴黎回到羅耀拉，他看到一些非常不對的事，於是想辦法和堂區合作，以阻擋某些不適當的事情，並轉而發展另一些比較好的事，例如每天三次敲鐘，提醒大家一起唸三鐘經。這應該是得到本堂神父的同意與合作而成就的，因此，這事所帶給我們的意義就是結合更多的人，以便更有效、更有影響力的做使徒工作。

後來在羅馬，他和夥伴們想辦法提醒具有影響力的人，幫助人們建立某些機構（例如，以此做為皈依基督的猶太人的家，或是為了安置因從良而改變生活的婦女）。

另一種源自依納爵的分辨準繩

基督生活團有一份很重要的文件，但不太有人注意到，這文件就是〈我們的特恩〉，其中提到了分辨使徒工作的標準。〈我們的特恩〉第122號說：「基督生活團的〈基本守則〉強調了使徒性分辨的需要，也提議了一些標準，其靈感來自聖依納爵所擬定的，那些選擇職務和特定使命的準繩。所有依納爵留給我們的傳承——此處特別指使徒分辨——都帶有『更』（magis）的標記。他致力愈顯主榮的熱忱，使他得以尋求最有效率的方法去幫助別人。」

在這分文件的註解107號提到三個分辨的要點：

(1) 普遍而最持久的益處：「由

▶你可能不知道……

〈我們的特恩〉

基督生活團的〈特恩〉寫在基本守則第四至九條。首先描述基督生活團的成員是由成年及青年教友組成，我們特別關注社會正義；第五條提到我們的靈修是以基督為中心；接著強調我們本身要參與禮儀、要閱讀聖經，還要參與教會傳福音的使命；第七條是我們都是基督奧體的細胞，要把這種精神帶到我們所參與的世界當中；第八條進一步強調，我們服務的範疇沒有界限，宣講福音同時也要改革社會結構；第九條說明，我們參與基督救世工作的典範是瑪利亞，她在其聖子的使命當中不斷表達她合作的精神。

（本文由基督生活團團員徐仲秋撰稿）

全球性出發思考，採取本地化的行動」；換言之，「建立結構而非一次次的事件」，發展能藉由參與者再現或重複的行動和服務。

(2)最大的需要和急迫性：到無人過問，而那些該擔負義務的人卻漠不關心的地方去。

(3)最大的益處：培育「播種者」（multiplicators）；創造溝通網絡，意識到我們是個全球性的家庭。

【第三部分】依納爵靈修家族

「更」（Magis）不是與人較勁誰做得比較多，而是一個走向天主的方法。

第八章　依納爵靈修家族的成員

我們說靈修家族，意思是某一族群的成員，對於天主藉著基督所給的啟示，互相分享他們的體驗，也共同分享走向天主的靈修方法。在依納爵靈修家族中有一個特屬於信友的團體，那就是基督生活團。這個團體不是為神職人員，也不是為修會會士，而是為信友而生的團體。

英文的 feature 指的是一種特徵，是同一個家庭中的人都會有的一種特色。我們用ＤＮＡ來作說明。基督生活團的成員擁有某個共同的ＤＮＡ成分，耶穌會會士之間也擁有會士共同的ＤＮＡ成分，而基督生活團團員和耶穌會士之間又擁有某種共同的ＤＮＡ成分。這就是我們現在所說的靈修家族的意思。

由「新的人」所組成的團體

依納爵靈修家族中的每一位成員都如同依納爵一樣，有蛻變成新人的經驗。

依納爵並不是先集結一些人成為一個群體，然後再向他們講道理，他是先一個個的幫助人悔改。他在悔改之後，在羅耀拉家鄉時已經開始和人談話，談的當然是和天主有關的事情，這樣的變化引起了他哥哥的注意，覺得他變了，也因此找機會和依納爵談談，希望他注意到自己是羅耀拉家族的人，要注意家族對他的期望等等。

依納爵在開始時就和他人分享自己的神修經驗，最明顯的例子是神操。其實耶穌會有好幾百年，做神操都是團體式的，但依納爵在開始時其實是一對一的，是由一個人分享經驗，另一個人陪伴，幫助他找到走向天主的路，所以，我們要注意到，這是針對個人的培育[30]。

30. 我們從依納爵的經驗了解到，基督生活團所要做的培育是針對人，也就是團員，而不是給團體的。所有的陶成計劃都應該注意到這點。

依納爵的蛻變

新的人，意思是從一個全新的角度看天主，看其他人。《自述小傳》30號記載依納爵在卡陶內河畔的「明悟」：

一天他因熱誠去到離莊萊撒一英里多一點的一座聖堂，我想那是一座聖保祿堂；道路沿著一道河；心中充滿了熱誠，他坐了一會兒，面向著河流，河槽很低。當他坐在那裡時，神目開始開了：那不是一種神視，而是明瞭了認識了許多事情，有屬心靈的、有屬信仰的、也有屬學問的；而且是那樣清晰，一切事情都顯得新奇。無法講解他當時所懂悟的各點，雖然很多；只是在明悟中接受了很大的光明；致使當他凝思所受自天主的一切助佑，以及他一生直到六十二歲時所學的一切，將那些全聚在一起，好像還不及他在那一霎時所領會的。

《自述小傳》31號也提到說：「這事的經過給他在明悟中留下了一道光明，好像使他變成了另外一個人，有了比他以前所有的另外一種精神，而且維持了很久。」注意，這裡他說他自己好像變成了另外一個人；他了解他可以將一些分散的東西併在一起，看見彼此的關係，看到他們都有一個共同的方向。他了解了許多信仰中的奧祕，抓住了整個神學的精神（了解三位一體，兩個性體在同一位內）。他了解了原來在理性上無法了解的信仰內涵[31]：「他的全面性領悟包含靈修、信仰、學問，實在是信仰奧蹟（聖三、創造、聖體、降生）和十六世紀初葉的世界動向、人在宇宙中的地位、在存在中的意義等問題間的關係。」（依納爵這個人[32]，第49頁）。依納爵認為既然他可以有這樣的體驗，為何他人不能有呢？因此，幫助人得到類似的體驗，就是神操要達到的高峰：《神操》第四週〈獲得愛情的默觀〉。

透過神操，成為新的人

所謂的「默觀」，是想辦法看到當時的狀況，因為歷史時空的差距，我們不可能看到耶穌當時生活的狀況，所以用默觀的方法，讓我們好像身歷其境。開始做神操時，我們看到的是，我過著以自我為中心的生活；我的生活充滿了罪；我應該脫

31. 一般人只是了解個別的信仰、信條，卻無法融合在一起，依納爵在卡陶內河畔突然間整合了所有的信仰道理。
32. 《依納爵這個人》，滌塵譯，台北，光啟，1990。

去「舊我」（保祿的說法），穿上新我，從天主手中接受自己。

現在我看得更清楚，比較了解天主怎麼推動我，讓我放棄原先的生活，接受另一種生活。我發現自己的生活是一個恩寵的歷史，而不是罪的歷史。我從我的經驗出發，觀看整個世界時，我發現整個世界不是一個罪惡的歷史，而是一個恩寵的歷史。因為天主聖言降生成人，居住在我們中間。因此，我能看見耶穌在受造物中；我能看見天主工作，如同耶穌在納匝肋工作；我能看到天主工作，為使我們「**得以脫離敗壞的控制，得享天主子女的光榮自由**」（《羅馬人書》八章21節）。我們做了神操，所以有能力看懂天主在世界中工作的力量。

以新的眼光看待世界

《神操》從第二週〈默觀耶穌誕生〉到第四週〈耶穌升天〉，以默觀耶穌生平的方式來認識耶穌，但依納爵認為做完第四週的默觀後，神操並沒有結束，而是要打開「世界」（宇宙）這本書，好好看看這個世界，將它當成是為人們講論天主奧祕的一本書。

我們在生活當中，不能一直看耶穌怎樣做這做那，而要將福音中耶穌的態度和精神應用在我們的生活中。做完神操的人，回到世界時，在環境的轉換上其實是很大的。現在生活團團員做日常生活中的神操，這樣的轉換比起做三十天神操再回到生活中的那種變化應是比較小的，但我們總是應該學習以新的眼光看世界。做完神操的人就像一個新的人，像依納爵在卡陶內河畔得到新的明悟一樣，以新的人、新的眼光看世界。

另一個新的力量

我們在現世生活，每天看著自己，看著工作，看著社會上發生的事，我們不一定真正看懂其中的意義。完成神操之後，我們開始用另一種眼光看世界，看到生命的意義，看到天主在我們的生命中繼續不斷的領導我。也許我也會看到自己不斷的逃離該面對的生活。但假如我做了神操，到了某個時刻，天主成功的讓我改正了，走祂的路，我因而能以一個接受的眼光看待自己，再一次從天主手中接受自己。

如此我們發現，世界不只有罪的力量，同時也有另一個新的力量。這個新的力量是一個非常大的愛，圍繞著我們。結束神操而出靜的人是一個新的人，他能面對世界的誘惑，有拒絕它的自由。我們感謝天主，因為祂讓我們能將這樣的自由奉獻給他，讓我們能善用我們的自由，按天主的聖意生活。

我們看見我們的生命是一個開放的路，而不是一條死路。無論成功或失敗，無論在我的朋友或是在敵人身上，都可以看見天主的工作和成果。祂工作為了使我走向祂，與祂結合。我們以全新的人，願在一切事上，愛慕、事奉天主（神操233），並願說：「吾主天主，請收納我的自由……。」基督生活團的成員就是這樣的新的人。

「新的人」是經驗到天主的人

這個新的人也是個體驗到天主的人。哪個先哪個後，不清楚，但是這個新的人一定需要不停的體驗到天主，否則他又變成了舊的人。在福音中有三個例子幫助我們了解，門徒們如何從一個小小的事情中對耶穌有很深的體驗。

(1) 耶穌的眼神

《路加福音》的苦難史敘述中，伯多祿否認耶穌的事蹟全部放在公議會審判之前。但在《瑪竇福音》和《馬爾谷福音》的記載中，伯多祿否認耶穌是在公議會審判之後。《若望福音》沒有公議會審判的敘述，而伯多祿否認耶穌是在亞納斯詢問耶穌之前和之後[33]。伯多祿否認耶穌，不承認自己是門徒，後來悔改，他哭了，所以又成為門徒，在耶穌的苦難時刻跟隨著祂。我們想問，為什麼《路加福音》記錄伯多祿剛剛否認耶穌，立刻就悔改了？其他的福音只說是因為雞叫了，只有《路加福音》還說：「**那時，主轉過身來，看了看伯多祿**」（廿二章61節），關鍵就是「看」。

我們不必討論耶穌怎麼能看到伯多祿，祂在哪裡，位置如何等等，**重要的是耶穌的眼光**。祂轉身看伯多祿，伯多祿看到耶穌在看他。這裡有一個眼神的接觸。伯多祿在此時整合了對耶穌的全部體驗，這個經驗完全改變了他。

我記得有一位學者表示，伯多祿說他不認識耶穌是正確的，因為在這次的眼神接觸之前，他並沒有意識到自己相信耶穌，而這一眼，使他清楚了自己對耶穌的信

33. 參考《路加福音》廿二章54－71節；《瑪竇福音》廿六章57－75節；《瑪爾谷福音》十四章53－72節；《若望福音》十八章15－27節。

任，相信自他認識耶穌以來的一切耶穌的言行，他不能再否認。路加願意耶穌的門徒要學習這點，要體驗到耶穌，為了能分享祂的苦難和死亡。

(2)耶穌的呼喚

四部福音從耶穌的苦難開始，一直到十字架下，記載了不同的門徒在祂旁邊。有一個人物在四部福音中都有出現，是誰呢？就是瑪利亞瑪達肋納。但是，雖然她一路一直都在，她卻無法透過死亡的帳幕認出耶穌。《若望福音》記載她去到墳墓那裡，尋找的是耶穌的遺體。她看到了復活的耶穌，但是無法認出祂來，因為她鎖定要找的不是個活人。一直到耶穌說了一句話：「瑪利亞」。就在那個時刻，瑪達肋納認出了耶穌。她可以穿透死亡的牆，記起耶穌所說的：他不能死，不像一般人一樣永遠的死，祂一定會活著。那樣的一個稱呼，使她想起他們一起度過的生活，他們之間的友誼。她也體驗到她能活著，是因為耶穌繼續不斷的給她生命。祂能繼續的給，因為祂是活著的。

(3)耶穌的擘餅動作

《路加福音》記載了前往厄瑪烏的兩個門徒。他們在很長的路途中和耶穌談話卻沒有認出祂來，心中只是覺得這個人很不錯，當時天色也晚了，所以留他下來，但還不了解祂是誰。直到耶穌擘開餅，那時他們才認出祂來。有些學者將這個擘餅和最後晚餐連在一起，但是並沒有充分的證據說這兩位門徒有參加最後晚餐。比較關鍵的應該是耶穌擘開餅的動作、這個動作和祂生命的關係。

當他們看到祂做出擘開餅的動作時，看出祂就是一位擘開自己的生命，為他人貢獻自己的人，他們就領悟到這只能是耶穌，瞬間也明白了這一路上聽祂講話時，心中火熱的感覺。他們明白了耶穌在路上所講的內容是什麼意思。「默西亞必須受苦」，他們因此了解了祂的苦難，了解了祂對自己的苦難所說過的話，了解了祂所做過的奇蹟等等，這一切全部連貫起來了。就是在這個對耶穌的體驗中整合了全部對耶穌的認識與了解。

我們並不是每天可以「看」、「聽」到耶穌的那句話。但是一旦有了體驗，那個經驗就會影響深遠，使我們體驗到看不到的那位常常都在。

「體驗」所知道的

依納爵渴望奉行神操者不只在理性上知道耶穌，而且更要在生命中對祂有所體驗。他常常用感覺、體驗這個字，和我們一般使用的「了解」很不同。《神操》第一週第五個操練就是要奉行神操者體驗到自己對罪的傾向。

這裡有一個矛盾，就是感覺（體驗）到一個知識（理性）：我知道我的生活中有哪些力量領我脫離天主、犯罪。「我知道」是一種知識，依納爵卻要我們體驗這個知識。理性的知識可以藉著聽一個演講或是看一本書而獲得，體驗則是另外一件事。這不是從書本或理性而來的，而是從體驗自己的罪的傾向開始，後來則要體驗降生成人的耶穌，體驗祂神性的甘飴（神操122）。

依納爵混合了理性和五官的感覺，要我們親自涉入耶穌的奧蹟，而不是將福音敘述當成一件古代的歷史，那樣就無法與我們產生關連。因為依納爵本身應用操練的方法有了這樣的體驗，所以他認為每一個人都可以有此體驗。尤其是進入默觀耶穌的奧蹟，特別就是要做到這樣的體驗。他由此獲得了天主的恩寵，他相信每一位信者也都可以獲得這個恩寵。

省察所體驗到的

每次做神修操練，就是希望能體驗到天主。因此，每次祈禱後，立刻要有祈禱的省察，就是為了使祈禱者注意這樣的體驗。奉行神操者可以用自己的話表達這個體驗，如果自己沒有察覺，不但無法向他人分享，恐怕連自己也不完全懂，所以，一定要能說出來。

祈禱—省察—和神師談話是一連串的，做避靜神操者每天和神師談話，做日常生活神操者則是每週和神師談話。如果在祈禱之後不做省察，奉行神操者和神師見面時便沒有什麼話可以說。這不見得是不好的事，但卻沒有表達出祈禱中自己有了什麼體驗。為了能表達自己的體驗，就要在剛經歷了體驗之後就反省，以便能認識你的體驗。如同依納爵說「要體驗你的認識」，現在則要認識你的體驗。這樣，奉行神操者在講話、寫記錄時，便正體驗特屬於他的祈禱知識，這樣的發展是藉著「祈禱的時間」產生的，如此，我們從祈禱到生活，從生活到祈禱，在二者間反覆來回。

透過默觀福音體驗耶穌

我們在祈禱中體驗到天主的臨在。藉著默觀，如果有足夠的想像力，經文會變成活生生的，因此，不會像是看一個故事敘述般地說「從前有一個人……」，而是感到現在這裡有一個人，有一個活生生的人說：「主，求祢讓我看見！」也有一個活生生的人說：「我願意，你看見」，「按照你的信德成就在你身上」等等，這些話語都成了在我眼前的事實。

我們接近耶穌，祂有身體，具體的在一個地方，我能接近祂，因此，我和祂有來往。天主和我們接近，特別是在降生成人的耶穌身上，這是可以摸到、體驗到的，這就是《若望一書》所說的：「**我們聽見過，我們親眼看見過，我們親手摸過的天主聖言……，我們將所見所聞的傳報給你們，為使你們也同我們相通。**」（一章1－3節）讓福音真正影響到我個人。我們把理性放在旁邊，我們進入到內在的體驗和享受。有喜樂、平安、安靜、再創造的力量，再振作精神、願意往前邁進等等，這些都是天主給我個人的，讓我體驗到天主在我的生活當中。

天主主動碰觸人

神操中關於對天主的體驗還有一個特別的說法是：沒有前因的神慰，這是突然發生的，天主直接給的，沒有理由的。例如：我今天表現得很高興，因為我支持的足球隊贏了，但可能有一天，不知道為什麼，本來很累，沒有力量，不想做什麼事，但卻突然感到精神振作，沒有什麼困難，可以繼續向前⋯⋯。這是為什麼？從哪裡來的？就是這樣，是從天主來的，毫無原由的。

另一個體驗天主的例子是，我做完這個操練感覺不到什麼，很乾枯、沒有意思，依納爵說，最好的辨別方法就是看看是否增加了信、望、愛三德，如果有，那這一定是神慰，因為此三德是不能修的，只能從天主而來。假如你體驗到你的信賴，你的渴望、你的愛增加了，這就是天主主動給你的體驗。

小心分辨天主的恩寵

依納爵在〈分辨神類的規則〉乙組第八條（神操336）中說，要很清楚的區辨神慰的時刻和之後的下一個時刻。天主的來到可以是很簡單的，很快的一下子就過了，之後人又回到了原來的自己，那麼這時的決定，便大多是自行推論個人的習慣、觀念及判斷的後果，因此不能輕易說這些決定就是天主的旨意，我們在教會中常常可以看到這樣的情況。例如，有些人說天主跟他說了些什麼，事實上那些很可能是他自己說的。這樣的人也許很深刻的體驗到天主，然而他說耶穌或聖母告訴他一些話，按照上述依納爵〈分辨神類的規則〉，這些話很可能是他的推論，並不是天主說的。這樣的存疑態度為做一個重大的決定是很重要的。

有人也許很深刻的體驗到天主，而後就說天主要他入會修道，事實上關於這個決定可能需要慢一點，因為「入會」已經算是個人的決定，不一定就是天主的恩寵。入會也能是個人的結論，可能是參雜了很多因素而下的定論，因此總是要將個人的想法與天主的旨意區分清楚才好。

藉著省察在生活中體驗天主

生活和生活的省察要平衡，為了讓我與天主的關係（靈修）能正確的發展。

我們看了宗徒個人對耶穌的體驗，也看了依納爵在《神操》中所表達的對天主的體驗，現在我們要從我們的生活中看我們對天主的體驗。

我們每天從日常活動、每日祈禱到每日省察再到第二天的生活，這是一個不間斷的過程。我心中充滿喜樂，充滿活力，迎向每一天的生活，這些動力的來源可以有許多不同的理由。可能是因為某個好消息，某個特別的體驗，或是美麗的風景，甚至某個期待的事件等等。這些動力的來源需要省察辨別。若事情的發生領我感謝天主、為他人服務，或是讓我體驗到天主，這動力的來源便是天主。假如在發生事情的當下時，我沒有認出它與天主連貫，那麼至少當天晚上可以加以查看是否與天主有所連結，這就是省察的好處。

只有天主能……

在我的生活中，有時我很熱心，很快樂，願意做些什麼，這是從天主來的嗎？為了辨別，首先要問的就是，我有沒有想到天主？如果我沒有想到天主，這些熱心可能只是我的發展需要，是我的心理需求，而不是天主的工作。無論如何，〈分辨神類的規則〉乙組第二條（神操330）說：「只有吾主天主，能夠不用任何『前因』，而把安慰賞賜給人靈。因為祂既然是造物主，自然能隨意出入人靈，推動他、吸引他全心愛慕至尊的天主。」因此我們要看的就是，這個人是否體驗到這是在一個與天主的關係中發生的事。

以上我們所談的對天主的體驗，就是使人成為新的人；一個新的人，就會以新的眼光看到不一樣的情況，因為這是以不一樣的立場和心態來看，而這個強烈的經驗會使人在每件事上找到天主。

「新的人」是隨時待命的人

我們這章談的是依納爵靈修家族的成員，首先說的是「新的人」，而後是體驗到天主的人，第三個就是隨時待命的人，對天主開放、準備好隨時接受差遣的人；這樣的人接受不同的生活，接受不同的使徒工作，答覆天主。參加團體就是一種答覆，因而這不是個人的決定，是對天主的答覆。

「新的人」的特點

現在我要用基督生活團〈我們的特恩〉這個文件來描寫這個「新的人」該有的一些特點。

從人的立場來看，他的人格應該：

(1)能接受事實：認識自己，知道自己有什麼能力，有什麼限度，對環境、社會敏感，能面對社會真實的一面（例如，某些工作可能必須要有人事關係才能得到），認識政治情況，是一個踏實的人。有能力溝通，提供有意義的服務。

(2)內心有很大的渴望：這個渴望在開始時可能比較傾向個人的企圖心，願意發展自己，發揮自己的能力，為了在團體中得到管理的職位等等，這些都無可厚非，但這樣的企圖心後來都應該被天主淨化。

(3)對自己有一點不滿意，很想要多一點進步，認為自己的生活圈太小，想要有些超越，而不是只守在現有的狀況，不願意增加任何變化（這可以是政治上的或是社會思想方面的），就是不想要多認識其他的可能性，願意保持在自己已經決定好了的狀態中。

(4)從與天主的關係上來看，這個人被天主攫取，渴望以耶穌為主，狂愛耶穌，與耶穌有很深的、個人的關係，這關係完全改變了他的生活、他的價值觀、他的需要、他所渴求的、也包括所受的傷、他的軟弱等等。

(5)承認自己是被寬恕的罪人，被基督救贖且召叫的人。

(6)願為他人的需要服務、和他人合作，為了使我們的社會更具人性，也更符合天主的計畫。

(7)這樣的人體驗到自己是一個對教會有責任的人，對教會的使命和訊息完全認同，因而被推動。

這就是依納爵家族成員的人。

第九章　從團體生活而來的經驗與反省

依納爵的團體經驗

依納爵從一開始就尋找及接受夥伴。在巴塞隆納讀拉丁文時，他的同學是十一、二歲的孩子，因此應該等到在亞卡拉讀哲學時，才算開始有夥伴。這批夥伴包括三個人，因為常在一起，所以穿同樣的衣服，這使得依納爵首次被主教的代表質疑。這些人跟著他到沙拉曼卡，可是在那裡卻散了，沒有跟著他一起去巴黎，雖然他們原本計畫如此。

之後在巴黎情況又開始轉變了，尤其是從第二年開始。他住在聖巴柏學苑，在那裡認識了第一位夥伴伯多祿·法伯爾，還有另一位，在幾年以後確定跟隨他（方濟·沙勿略）。後來，又加入了兩個西班牙人（雷奈斯和薩爾墨龍），比其他人年輕一些，他們兩人在特利騰大公會議中有很大的貢獻，其中一位成了耶穌會的第二任總會長（雷奈斯）。

還有一位葡萄牙人，西滿·勞德利蓋。這位和沙勿略一起前往葡萄牙，是為了搭船一起去印度。但是，葡萄牙的國王將他留在國內，因為他們得到很多的靈性果實（葡萄牙是耶穌會成立的第一個省，因為有很多大學生入會）。最後還要加上一位西班牙人，尼各老·鮑巴第拉。他們七位在一五三四年八月十五日聖母蒙召升天節，聚集在巴黎的蒙馬特（意即致命山），在那邊發了願：守貞、貧窮，並且去耶路撒冷。那天是法伯爾做彌撒，因為他是唯一一位已晉鐸為神父的。

第一個「主內的夥伴」團體誕生

一年以後，依納爵回到家鄉為了療養身體，而夥伴按原定計畫，在一五三七年和他聚集在威尼斯，這時共有十一位夥伴。因為從巴黎來的那幾位多帶了三位同伴過來。另一方面，依納爵自己也帶了另一位西班牙人，但這個人在他們前往羅馬的路途中去世了。因此，耶穌會的首批同伴是十位。

到這時刻，他們只是一群分享同一理想的人，這個團體隨時會解散。無論如何，當一五三九年四旬期開始分辨是否成為一個團體時，他們已經在一起生活四到十年了。**耶穌會（The Society of Jesus）是那個分辨的結果。**分辨是依靠之前已有的強烈經驗：神操，還有一起生活許多年的經驗。他們過著某種共同的生活，比如依納爵和他的夥伴早就共用他們的錢財，而且也有了靈修、理想和共同的目標。耶穌會從那時起直到今日，已經將近五百年了。

聖母會

有一個從依納爵時代就延續下來的團體，是聖母會（The Sodality of Our Lady或稱Marian Congregation），這個團體是從羅馬開始的（現在被稱為基督生活團，是一個世界性的團體），另有許多友團，分散在各地。這個團體也有過某種解散，但和耶穌會被解散不同[34]。耶穌會被解散時，聖母會委託給各地的主教，因此普遍失去了原來的精神和意義。聖母會的發展過程比較長，從不同國家的聯會的建立，到世界聯會，再到改稱為基督生活團。

除了上述兩個團體之外，分享依納爵精神的其他團體都消失了。〈基本守則〉

34. 十八世紀時，共濟會欲攻擊天主教會，便從當時教會中具有龐大影響力的耶穌會下手，於是想辦法讓各個天主教國家（法國、西班牙、葡萄牙、以及義大利的多數地區）向宗座施壓，迫使教宗於1773年解散耶穌會。也因為這樣，以依納爵靈修為依據的聖母會也跟著解散，交由主教接管。

第3號提到，那些依納爵和同伴們所建立的團體，自一五四〇年後開始在世界各地發展出來，最後卻消失了。關於這些團體，我們只知道他們曾經存在過，其餘的一無所知，因為他們沒有留下任何記錄。我們只知道首批耶穌會士的生活是相當流動性的，不會久留於相同的地方。我們用心想像，不難推測這些最初建立的團體可能欠缺某些因素，以致於團體無法維繫。這件事很值得我們反省。

神操的體驗是共同的特點

建立耶穌會的那些人都做過一個月的神操，並且對於團體生活都有好的準備。就是這樣的經驗，讓他們以後繼續在一起，有一個共同的行事風格。

另一方面，可能那些與耶穌會士有來往的平信徒中，並非全部都做了完整的神操，可能他們只做第一週的操練和一些祈禱方式的練習（我們現在所認識的日常生活神操，那時候還不存在）。無論如何，他們有一個足以影響他們生活的神操經驗，而因了這樣的經驗，他們決定改變他們的生活，並以不同的使徒工作來實踐。

在依納爵的首批夥伴中非常明顯的是，他們有一個清楚的目的：彼此幫助，並幫助他人。他們共同的靈修經驗讓他們彼此尋找，為了得到安慰和鼓勵、為侍奉天主，而且，他們也侍奉別人（在任何有需要的情況中，無論是身體或精神方面）。那些「無名」的首批教友團體也有這樣的特點，因為目的是幫助人們有比較強烈的聖事生活，還有幫助窮人和坐牢的人。

推測團體無法延續的因素

在〈基本守則〉3號中提到的，那些沒有維持下來的團體，可能是因為缺乏某種因素以致於流失了。在神操的經驗後，這些人或這些團體也許缺少某種比較長的共同生活，也沒有神師的陪伴，以致於他們的神操經驗無法穩固的保留和發展。他們沒有留下什麼痕跡，因而我們猜想他們的團體只存在了相當短暫的時間。但其中也有幾個人，因為神操經驗的重大影響，使他們繼續與教會合作，甚至幫助剛開始成立的耶穌會。

我認為這些團體需要有較長的共同生活經驗，並且在過程中彼此支持及安慰，而且應該有一位對此生活方式有經驗的人，特別在團體開始時，陪伴、鼓勵及幫助他們。現在，在基督生活團中有這個功能的人被稱為Guide（輔導）。我們從基督生活團的經驗可以看得出來，Guide在團體中常常臨在是很重要的。依納爵的夥伴沒有辦法提供這樣的服務，因為他們在各個城市停留的時間只有幾個月，很快就被派到別的地方去了。

但即使成員聚集在一起（con-gregation）了可能都還不夠，還需要某種結構，也許是固定聚會。我們不知道他們是否組織聚會，也不知道他們有什麼連繫。諸此種種因素的缺乏，可能導致他們dis-gregation（分散）。由此我們可以看到，如果把原來的靈修體驗定基在能常常看到的原則上，就會有很大的幫助。而且，假如這個方法和原則能與在別的地方的團體分享，那麼，那個團體的存留也會比較穩定。

夥伴經驗是團體的基礎

第一個「主內的夥伴」團體（耶穌會）所體驗到的靈修基礎，是天主的愛「降下」到受造物的心，而耶穌降生成人是最明顯的表達，因此，他們能把耶穌當成旅行的同伴。無論他們被派到什麼地方，基督總是使徒旅途中的同伴。然而，因為使

▶你可能不知道……

〈中華民國基督生活團章程〉

簡稱〈章程〉，共分五章。第一章是總綱，說明章程是依據世界基督生活團制定的基本守則（General Principles，簡稱 GP）和基本準則（General Norms）；第二章是組織，分四部分，即團員、個別團體、全國代表大會和執委會；第三章關於輔導，強調為了落實準則及守則的精神，個別團體必須有一位輔導員（Guide），其任務為推動團員做神操及協助團體基督化：第四章基金會：最後一章附則。

（本文由基督生活團團員徐仲秋撰稿）

命的緣故，這群人可能需要分開，因此，需要一些結構，賦予這些人所建立的這個「身體」（團體）一個形體，而這個「身體」與可見的教會有一個特別的連繫，是一個精神性的，可是應該是可見的，如同他們應該努力在世俗中，在一切事上看見天主。

將默觀經驗客體化

團體中的成員為具體表達默觀所得到的經驗，經過分辨後，便在修會生活中具體地呈現在《會憲》或修會的規矩中；而在平信徒團體的聚會中，比如基督生活團，則是將之呈現在〈章程〉或〈基本守則〉中。對於以依納爵靈修為基礎的團體而言，他們將默觀所經驗到的實行在日常生活中，於是以兩個軸線來表達：一方面以一個貧窮和謙遜的生活貼近耶穌，另一方面則是幫助人靈[35]。

個別表達對天主的奉獻

這樣的共同生活在一段時間後要個別的公開表達出來。這個共同生活的計畫不只是人的計畫，而是從一切的根源和那位（天主）開始的。在神操的過程中，這樣的公開表達是在結束的時候，在〈獲得愛情的默觀〉中對天主的自我奉獻：「主，請祢收納我的全部自由、我的記憶、我的理智，和我的整個意志。凡我所有，或所佔有，都是祢所賞賜的；我願完全奉還給祢，任憑祢隨意安排。只將祢的聖愛，和祢的聖寵，賞賜給我，我便心滿意足，別無所求了。」（神操234）

假如我們願意更仔細的看，我們可以說，在〈永生君王的號召〉的默觀中，有一個奉獻：「萬物的永生主宰，我賴祢的恩寵助佑，在祢的無窮美善前，及祢光榮之母和天朝聖人聖女們的面前，做此奉獻，並鄭重聲明，只要更能事奉祢、讚美祢，我真心願意，滿心切望，

35. 依納爵和他的同伴們很喜歡的一句話是：「像宗徒一樣的宣講福音」，就是說，像宗徒一樣延續基督的使命，這應該是每個人被召叫以後所感受到的。

效法祢承受一切凌辱、反對，忍受一切實際和心靈的貧窮；只要祢的至聖尊威選擇我、收納我，在這樣的生活和地位上。」這個不是培育的結束，而是開始。以基督生活團的角度來說，可以說等於是做暫時奉獻，而〈獲得愛情的默觀〉完成時所做的奉獻，則相當於永久奉獻。永久奉獻是在弟兄姐妹面前公開做的，為了表達這個奉獻與整個團體有關，就好像在對夥伴說：「從今天開始，我們彼此互相歸屬在同一個團體中。」

友誼的建立與表達不在於情感

為了建立一個團體，應該先成為朋友，然後才能變成一個團體。其次，有同樣的目標與體驗，這些人才能變成朋友。這是一個相當新的思想。

我們之所以成為朋友，並不是因為處在同一個團體中，而是因為我們有共同的生活，我們彼此才成為朋友。依納爵和他的朋友就是一個很好的例子。在他們當中，有不同的國籍，有不同的興趣和文化的敏感度。雖然是在巴黎，三個法國人是最後進入團體的，而且不是受同國籍朋友的吸引，由此看來，他們加入團體不是因為人性的友誼，而是因為被選，被天主揀選了。

這些夥伴們彼此雖有距離，卻不能解開他們之間強烈的連繫，最普遍和明顯的例子就是方濟・沙勿略的信和那些信所結的果實。他以信件和歐洲大陸的朋友聯繫，吸引他們前去傳教區或進入耶穌會。大家尋求的是天主的光榮，因此才成了在主內的朋友。

這樣強烈的友誼一旦有了基於天主的基礎，就會變得強烈而不怕有所要求。然而這樣的友誼並不是用強烈的情緒表達出來，而是用語言和彼此的服務來表達：彼此幫忙分辨、一起了解為了愈顯主榮和協助人靈該做些什麼。

神操的目標是引人事奉天主

「**他以行神操的方法贏得了他們事奉天主**」（自述小傳82），這句話提到的是法伯爾和沙勿略，說的是依納爵和兩位的來往關係，但不提他們彼此之間的友誼是怎麼開始的。這提醒我們二件事：

第一、不是所有做神操的人都入了耶穌會，或是成了耶穌會首批創會的人。在巴黎，依納爵用神操幫助許多人，其中有些人在生活上有了很大的變化；另外則有一位進入苦修會，並且以後變成修院的院長，而且後來對初創的耶穌會幫助不小。因此，如果有人做完神操，卻不繼續留在基督生活團，我們不應該感到驚訝。

第二、做神操的目的，不是為了使人依附另一個人，而是依附基督。的確，依納爵的首批夥伴匆匆使用「耶穌會」這個名字，因為已經有人開始稱他們為依尼高那夥人（iñiguistas，依納爵原名依尼高）。基督生活團在這方面可以有許多的學習，因為團體常常太過於依賴輔導或是創團神長，這個問題不只是團員的問題，常常也是身為輔導的問題，然而我們並不是常常都能意識到這個問題，並進而學會超越這個狀況。

關於基督生活團的幾點反省

在前面的幾個主題中，我們偶而會點出目前基督生活團應該注意的幾個地方，現在我們要更聚焦在這一部分。

首先，我們可以反省的是，基督生活團是否缺乏了上面談論過的因素——神操的經驗。在古代的聖母會，並不是每一個人都做了一個月的神操，可是團體常常有避靜（每月的月省），每年也有比較長的幾天避靜，這樣能吸收神操的經驗而活潑的保留著。耶穌會被解散的時候，團員全數歸屬主教，成員變得更多，但是精神內涵卻降低，很可能就是因為缺乏神修的功課。

不應只是人性的友誼

我們還該注意另外一點，就是友誼的角色。我們不能否認，有人在進入基督生活團以前已經是朋友了，其實，很多人開始參加，也是因為認識團體中的成員。這是好的，也是需要的（例如：首批耶穌會的那三位法國人），但是，應該超越先前存在的友誼，不然，新來的人很難融入在團體中，他們會一直感到被排拒在外，因此，需要將共同的靈修經驗轉化為彼此友誼的基石。

也要共享物質

與依納爵的朋友做些比較，讓我們感到驚訝的是，在我們的團體中，幾乎沒有什麼物質上的分享。我還很痛苦的記得，幾十年以前開始陪伴一個成人團所受到的打擊。有一個週末下午，一位團員在耕莘耶穌聖心堂舉行婚禮，彌撒後和宴客中間有一個空檔，我們趁這段時間進行一個幹部會議（那時團體仍有這樣的組織）。記得在會議中，我得知團體的主席因為無力致送禮金而不能去參加婚宴，當時她剛開始工作，收入不多。更令我難過的是，我知道她和那天結婚的團員是很好的朋友。

從那時起，我努力推動團員在婚禮時以團體的名義合送一個紅包，使成員全部都能參與婚宴。紅包內的禮金，按每人的能力自由表達。我努力了一段時間，但是沒有成功。

應該與大團體聯繫

在西班牙，所有小團體的模式也帶來一些問題[36]。我們的團體比較小而且完全獨立。結果，假如有許多人因個人因素無法繼續參加團體聚會，那個團體就會進入冬眠狀態。如果團體在一起夠久了，也可能因為沒有年輕的新血加入而顯得老化，無法更新。這些都可能是因為我們的團體常是固定一組人長時間聚合而成。〈基本守則〉中提到一個「更廣泛的團體」（wider community）的概念，這樣的團體與

36. 作者是西班牙人，以自己國家基督生活團的情況作為說明。

我們的小型聚會團體能同時存在，並會帶動我們超越上面我所提的這個狀況。

還有，我們的團體好像同質性太高，集中在社會中的某一階層。如果我們能在堂區發展基督生活團，便能改善這樣的情況，尤其是當我們將這個做法和「更廣泛的團體」這個概念連在一起時。

給人足夠的時間做選擇

至於一個團體的開始，則需要注意到前面所說的靈修的基礎，然後有足夠的時間讓人做一個選擇。但實際的狀況是，我們常常沒有足夠的時間讓人有團體生活的體驗。為了幫助新來的人留得夠久，以得到團體經驗，我們可能要接受古老聖母會的一個結構：望團[37]的導師（在最近建立的一些團體，開始有一些類似的現象：有一位比較有經驗的 Guide 陪伴團體，另外有一位比較資淺的 Guide 從旁協助，他們來自同一個團體，比較資淺的這位可以負責照顧與聯絡新進的人）。

此外，還應該要好好的了解聚會的作用和相對的價值，因為聚會不是一切，也不是無所謂。

37. 就是來團體參加聚會，看一看自己適不適合這個團體，或者團體覺得他是否適合這個團體，有如修會中的望會。

專欄七

從聖母會到基督生活團

基督生活團在二〇一三年迎來了四百五十年慶，然而在這漫長的歷史中，大多數時間我們是以另一個名字存在，叫做聖母會。

我們的歷史最早可以追溯至一五四〇年，耶穌會士、依納爵的首批同伴法伯爾在帕馬組織的第一個平信徒團體。一五六三年耶穌會士若望．洛伊納斯（John Leunis）成立了第一個聖母會，目的為協助在羅馬學院（the Roman College）的平信徒學生將職涯、學業、家庭、人際關係……等等，整合在基督徒的價值觀之下。一五八四年，教宗額我略十三世正式批准。

十六、十七世紀，耶穌會士把聖母會推廣到全歐，還到了印度跟美洲，北美洲的聖母會是一六五七年在魁北克誕生。日本的聖母會則以善會的形式存在，自從耶穌會士在一五四九年到了日本之後，數年內便建立了信友的組織，男女均有各自的團體。當豐臣秀吉開始迫害教會，這些善會轉入地下，將信仰傳承給後代子孫，團體的領袖則代行牧者的工作。

中國第一個聖母會比美洲更早，是由名貫中西的傳教士利瑪竇在北京成立，那年是一六〇九年，明朝萬曆三十七年，遵循日本模式，叫做天主之母善會；第二個聖母會同年就在南京成立，初期成員全部是男子。後來是由湯若望神父把聖母會推廣到女教友，五十年間，中國的聖母會成員超過四萬人。值得一提的是，一八五三年在上海徐匯公學成立了聖母會，此後一百年江南地區的中國籍神父幾乎都是這個聖母會培養出來的。

在台灣的團體於五十餘年前建立了，第一個在聖家堂開始聚會，叫做領報聖母會，一九五六年朱勵德神父創立了聖母會服務中心，開啓了在台的新頁。目前台灣有四十多個基督生活團，每個團的成員大多在十人上下。在台灣的我們是以培育青年、關心家庭、社會正義為主要的使命。

在漫長的四百五十多年裡面，聖母會儼然是栽培領袖的搖籃，出了衆多聖人（如靈醫會的創始者聖嘉民）、教會聖師（如聖方濟．沙雷、里修的聖女小德蘭）、驍勇善戰的將軍、首相、教宗（光是十七世紀便有七位）、畫家（如魯本斯）。在亞洲，我們所熟知的菲律賓第一位女總統艾奎諾也是聖母會成員。

聖母會日益增加，但隨著歷史發展，中間經歷了耶穌會被解散等等緣故，導致漸漸失掉了依納爵靈修，轉型成為堂區的教友組織。天主教會在梵蒂岡第二次大公會議之後，進行了全面的改革，我們的團體也體驗到這是一個新的開始，感受到回到依納爵靈修根源的召喚，於是在一九六七年於羅馬召開大會，改名為基督生活團，更聚焦在以依納爵靈修為核心。當然，當時也有些聖母會決定不改名，維持以往的團體，約為當時分會的二〇％至二五％。

基督生活團目前在全世界遍及六十多個國家，至二〇一五年有六十三個正式會員國，亞太區有香港、澳門、台灣、韓國、日本、菲律賓、越南、柬埔寨、新加坡、印度、印尼、斯里蘭卡、澳洲、紐西蘭等十四個會員團體。

（本文由基督生活團團員徐仲秋撰稿）

第十章　在教會內的依納爵家族

在〈導論〉中我們曾經提到，靈修的三個意義中，有一種是分享對天主、對人、對世界的同一種看法。依納爵靈修也是這樣的，有許多不同的團體是因依納爵靈修而來的，他們都可以稱為是同一家族的成員。

一泉三河

假如我們用一個圖像來說明，我們可以說，從依納爵靈修的泉源流出三條河，它們有一個較高的源頭，所流出的水可以流向不同的山谷。因此，從這個源頭流出男修會生活的河就是耶穌會。另外一個流向教友生活的山谷，就出現了基督生活團。第三個山谷其實有許多小分支，這些是以依納爵靈修為基礎的女修會，創會者於其中再加上自己的神恩而建立，可以說她們也來自同樣的水泉，卻從不同的分支流下來。

這個圖像的限度很明顯，但它只是為了幫助我們看出共同或是相異的因素。

應該注意的是，我們用「依納爵家族」這樣的說法是比較狹義的用法，因為只提到團體（修會、基督生活團），其實有另外一些組織是屬於協會的層面。比方說耶穌會學校的校友會，或是祈禱宗會，或是耶穌會難民服務協會等等。他們也分享同樣的價值觀，可是並沒有團體的結構。

共同元素

當然，共同的元素會表現在我們談論的三個領域或所說的三個支柱中。

首先當然是**靈修**，這些家族成員跟天主來往的樣子、他們祈禱的方法、看世界的眼光……這些共同的體驗是從神操的經驗而來，可能在這方面最容易看到同一家的特色。

依靠這樣的靈修發展出一個服務的**使命**。幫助人在這樣的靈修中，引領出一個主動的、和人有關係的方法，而不是只以祈禱或代禱來幫助（就我所知，在所有依納爵家族中，並沒有出現隱修會），幫助的方法可以相當不同，牧靈、教育、愛德服務……，但常會有一個共同點，就是為了服務有需要的人而離開自己的團體。

有一個建立**團體**的傾向，就是一些人共同生活，活出這個靈修，他們是為了這個目的而聚集在一起。在上一個主題，我們已經看過，這不是偶然聚合的，而是這群人主動尋找一個共同的生活，並且找到了。

其次，在外在表現方面也有許多的相似，他們有共同的詞彙、做事情的方法，彼此之間感覺相近，還有在考量合作的可能性上面也都很相似。

特定元素

在這個家族中除了上述的共同元素以外，各團體也顯出其特色，因此彼此之間會有些許的區別。

第一個區別是修會與世俗間的區別。我們在教會中所說的修會，意思是生活在一個規則下，與「在世俗」有所區別。在世俗的人沒有這種規矩，如同一道牆將自己與世界分開。基督生活團就是生活在世俗的團體，由於我們都是信徒，也都是教友，需要一個特別的字來表達這種區別性，只可惜中文還沒有一個貼切的字來表達這種在世俗中的狀態。

此外，生活在那些規矩之下的又分為男的和女的。在依納爵的家族中，男團體只有一個，女團體有很多，因為每一個都在依納爵靈修中又加上了創會修女的神恩。

規矩外的團體：基督生活團

基督生活團是一個平信徒、屬於依納爵靈修的使徒性團體。我們應該注意到使徒性的目的，否則會單單停留在一個生活的團體，而忘記自己是個使命團體（這是更危險的，因為我們知道生活是團體的基本使命，因此很容易會以為我們目前的樣子就是使命性的團體了）。如此，一旦有使徒工作時，整個團體需要有某種彙整的因素，好使我們在生活中協調這些不同的使徒工作，但不是像會士們以服從願來實行（因為我們是平信徒），而是應該有一個適切的方法。

幸虧在我們的靈修傳統中已經有了這樣的例子：依納爵與耶穌會的誕生。依納爵不是先建立耶穌會，寫《會憲》，而後找人，給他看一看所寫的內容，假如他喜歡這個計畫，請他加入，若他沒興趣，就可以自由離去。他是先有了夥伴們，然後一起分辨做決定，以後才有穩定的團體。基督生活團可以應用這樣的模式在面對我們的使徒工作時。

因此，分辨神類是這個靈修的關鍵，在一個不必守服從願的世俗團體中，這是完全需要的。這是一個非常慢的方法，但這個方法本身創造團體，因為每一位成員都應該參與執行，而這個方法的目的，是為了領導使命。很明顯的，這個方法非常符合以依納爵靈修為基礎的基督生活團。

以團體的幅度做使徒工作：DSSE的應用

現在我們來看DSSE如何與依納爵的靈修相互配合。D是分辨（Discerment），第一個S是派遣（Sending），第二個S是支持（Support），E是評估（Evaluation），我以一個例子來說明。

某個週六我經過住家附近時，看見幾個不同家庭的小孩在街上遊蕩，我上前關心，發現他們的父母因為需要工作而無法照管他們。我覺得放任他們在外四處亂晃不是很好，因此想要為他們做點什麼。我將這個念頭放在祈禱中，**分辨**看看是否是天主所願意的，確定了之後將它提到團體的聚會中，與團員分享我的感動，並邀請團員看看是否能成為團體的使命。每個團員都將此意向放在祈禱中，一起分辨。如果分辨的結果是天主願意的，每人可以衡量自己的時間，看看是否可以前去服務。可以花時間為這些孩子服務的團員，將會由整個團體**派遣**前去服務。其他的人則提供各種的需要以**支持**這個使命，比如活動安排、東西採買……。最後，最重要的是，要訂立一個時程，由團體共同決定這個服務要持續多久，然後期程滿了時，要針對這個使命的效果以及服務對象的回應來**評估**，作為接下來是否繼續的參考。這樣的一個分辨團體使命的方法，在道理和實行的步驟上都符合依納爵的精神。

全家族的同一方向：愈顯主榮

從耶穌到依納爵都尋求天主的光榮

在《若望福音》的敘述中，天主的光榮充滿了福音的後半部，因此這部福音常被稱為「光榮之書」。從耶穌進入耶路撒冷，尤其在耶穌的告別言論（十三章1節－

十七章25節）中，這個主題常常出現。「告別言論」最後的一句話中，有一句禱詞是：「**我在地上常常光榮了祢**」（《若望福音》十七章4節）。

這種光榮也反射到耶穌身上，《若望福音》十七章5節說：「**現在，求祢給我從世界創造以前，我已在祢那兒有的光榮。**」之後在基督信仰中，基督和光榮的關係更明顯的表現出來：「**明認耶穌基督是主，以光榮天主聖父**」（《斐理伯書》二章11節），因此，我們該把所有的行動與光榮天主相關聯：「**因此，你們無論吃或喝或做任何事，要做一切，為光榮天主**」（《格林多前書》十章30節）。這個概念（光榮天主）浸透了依納爵所寫的所有文章，與讚美和服務不可分開。

「更」的精神

依納爵的特點就是，在光榮天主這件事上，他使用了比較級的形容詞：「更大的」（Mayor）和有關的副詞「更」（Magis）。他從年輕時就願意為了光榮天主而做得更多，之後開始和聖人比賽，願意和他們做得一樣多，或是做得更多。

在他比較了解天主的事之後，他知道「更」不是一個比賽的意思，而是一個走向天主的方法。他藉著中保的祈禱（他常藉著瑪利亞、耶穌向父祈禱），而同時，他體驗到自己是被帶往天主，被祂的光榮所吸引。

他已經看到天主的光榮反映在人間，從羅耀拉時期一直到羅馬：「**他常會看星星，而且用很長的時間，因為在這個功夫，他從內在感到很大的活力，為侍奉我們的天主**」。（自述小傳11）

讓天主的光榮在地若天

天空中充滿了天主的光榮（《聖詠》十九首2節），因為天就是天主的光榮所在的地方，在祂的禱文〈天主經〉中，耶穌教導我們注意到這件事情。〈天主經〉第一句話提醒我們：「我們的天父」等於「我們在天上的父」。〈天主經〉前半結束時，也同樣再提到「願祢的旨意奉行在人間如同在天上」。在那邊（天上），天主完全做王，祂的旨意完全實行，祂的名字絕對受顯揚。

我們願意在地上也發生同樣的事情；耶穌請我們做同樣的祈求。這句話同時也要求我們的許諾與投入，並召叫我們工作。耶穌向天主祈禱時，光榮祂，祂也祈求受到光榮。祂派遣祂的門徒到世界（為了天主的國來臨），祂也祈禱門徒能觀看天主的光榮，這樣他們會得到動機去尋求這樣的光榮。但是，在地上（人間），一切都是局部的，因此還可以有進步的空間，所以門徒們的工作是，讓天主的光榮在地上繼續不斷的更大，甚至是達到絕對的程度，就像在天上一樣。

「天主的光榮是人的生命」（聖依肋乃的話），然而人已經是自由的，能稱天主為父，可是他們的生命只能完成在一個正義與和平的國度，也就是唯一的王——基督中。天主最大的光榮，永遠是我們選擇的目標，無論是在生活或是在使徒工作中。

在教會內

至於我們能做什麼樣的選擇，依納爵在《神操》中加了一個條件，就是所要選擇的，應該是在慈母聖統教會內通行的（神操170）。當然，他所說的是當時的教會和各個聖統的階級。他的意思不是一個理想化的教會，如同初期教會等等。而且我們知道，當時的教會，尤其是聖統各個階級是怎麼樣的人。當時的教會從各個角度都受到攻擊[38]。依納爵意識到這一切，但他認為，為了改善整個基督徒的世界，只

38. 依納爵的時代正是歐洲宗教改革的時期，教會受到許多的批評。

有三件事是必須且足夠的：教宗改變自己、改變教廷、改變羅馬城。

服從教會

他知道教會是怎樣的，卻停留在教會內，為了從內部改革她。而這樣的決定，不是認同某一個道理，而是表達一個體驗：教會是基督的淨配，她在信德上生了我們。在神操中，我們祈求服從基督的召叫，而不要裝聾作啞，卻要爽快勤奮地奉行。同樣的「**我們應當放棄自己的判斷，常準備著在一切事上爽快地服從吾主耶穌的真正淨配——我們的慈母聖統教會**」（神操353）。

同樣的聖神使新郎和新娘親密的結合。聖神激勵我們奉獻給基督，且支持我們的奉獻。「**在我等主基督和祂的淨配教會之間，常是同一聖神治理我們……**」（神操365）。因此，以這樣的精神「**對於長上的規定和訓誡，以及他們的為人，應準備著贊成和稱揚**」（神操362），這並不是閉著眼睛不看教會的缺點，而是藉著溝通改善教會，而不要以侮辱來面對這一切缺點。

同樣的，也要避免將自我封閉在某些真理裡面，而變得愈來愈窄小。依納爵「在教會內」的精神推動他走向偏遠的地方。方濟・沙勿略來到印度和遠東也是類似的例子。

避免自我封閉

我們現代常常面對的一個問題就是，在教會內有些團體受到一個誘惑：將自己封閉在自己的範圍內。首先是思想方面，但有時候也以身體表現出來。這個危險到最後是，團體不是為了教會生活，而是為自己生活，因為，到某個程度，他們認為自己才是「真」的教會，這樣的一個「真」，不一定表現出來，但卻存在自己的想法中。我們不應該以為自己已經免疫了，不會有這樣的情況發生。

因此，我們應該常常問自己：我是否自認為，而且行為上也表現出自己屬於一個菁英組織？或者，我的精神和自己所歸屬的整個家族，在基督唯一的教會內突顯出來的是一個聖神的恩物，以幫助整個的天主子民？

既然我們是聖神的恩物，我們從同樣的聖神尋求幫助（合作），不要求優越、不做領導者，可是也不要害怕，而是以充滿愛的謙遜，提供我們所有的和我們所能協助的。千萬要避免比較，更不要辯論、競爭或是比賽。

在一切事上找到天主

我們還要繼續將天與地，或者精神與物質做二分法的區別嗎？還是我們應該努力，在每一件事情上尋求並找到天主？

依納爵年長的時候，他能隨時找到天主，因為依納爵的渴望將他帶到了天主的面前，天主白白的答覆他。因此，依納爵針對讀書修士說，他們應該練習在每一件事情上尋求天主，這樣，能準備自己接受天主的來臨。

我們不能否認我們需要面對惡，然而面對這個問題沒有什麼答覆；沒有理性的答覆，只有一個體驗性的答覆，而做神操的人已經有過這樣的體驗。基督的十字架從惡的中心高舉起來，人受痛苦的時候卻常常想問「為什麼是我？」瞻仰過基督十字架的人知道，真正該問的是「為什麼是祢？」

我們首先要問自己，以後在團體中也一樣要問的是：「我為基督該做什麼？」所以在這個反省結束時，我們又回到我們的使命，分享我們的信德。

使徒工作的第一個步驟是拆掉界線，促進和好的溝通。耶穌給他的門徒們問安時所說的就是：「願這一家平安。」假如我們願意真誠的做使徒工作，我們應該渴望不只將基督帶給人，而是在人中找到基督。

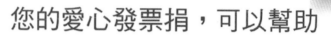

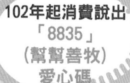

國家圖書館出版品預行編目資料

行動就是祈禱：跟隨耶穌會會祖聖依納爵，看清天主的旨意／
穆宏志（Jesús M. Muñoz, S.J.）著 .
—— 初版 . —— 臺北市：星火文化，
2015.09 面； 公分 .（Search ; 4）
ISBN 978-986-90324-7-6（平裝）

1. 基督徒 2. 靈修

244.93 104014309

Search 004

行動就是祈禱：跟隨耶穌會會祖聖依納爵，看清天主的旨意

作 者 穆宏志（Jesús M. Muñoz, S. J.）
整 理 許惠芳
執行編輯 陳芳怡
封面設計 Neko
內頁排版 Neko
總 編 輯 徐仲秋
出 版 者 星火文化有限公司
地 址 台北市衡陽路七號八樓
營運統籌 大是文化有限公司
業務經理 林裕安
業務專員 馬絮盈
業務助理 李秀蕙
行銷企劃 徐千晴
美術編輯 林彥君
讀者服務專線：（02）2375–7911 分機 122
24 小時讀者服務傳真：（02）2375–6999
香港發行 豐達出版發行有限公司 Rich Publishing & Distribution Ltd
香港柴灣永泰道 70 號柴灣工業城第 2 期 1805 室
Unit 1805, Ph. 2, Chai Wan Ind City, 70 Wing Tai Rd,Chai Wan, Hong Kong
電話：21726513 傳真：21724355 email：cary@subseasy.com.hk
印 刷 韋懋實業有限公司

2015 年 9 月初版
2022 年 8 月初版 2 刷
ISBN 978-986-90324-7-6

Printed in Taiwan
定 價 ／ 300 元